V.-S. RUELENS-MARLIER

LE RHIN LIBRE

AVEC 2 CARTES HORS TEXTE

ATTINGER FRÈRES, ÉDITEURS
PARIS
30, Boulevard Saint-Michel
NEUCHATEL
7, Place Alexis-Marie Piaget

LE RHIN LIBRE

NEUCHATEL — IMPRIMERIE ATTINGER FRÈRES

V.-S. RUELENS-MARLIER

Le Rhin libre

AVEC 2 CARTES HORS TEXTE

ATTINGER FRÈRES, ÉDITEURS

PARIS
30, Boulevard Saint-Michel 30

NEUCHATEL
7, Place Alexis-Marie Piaget, 7

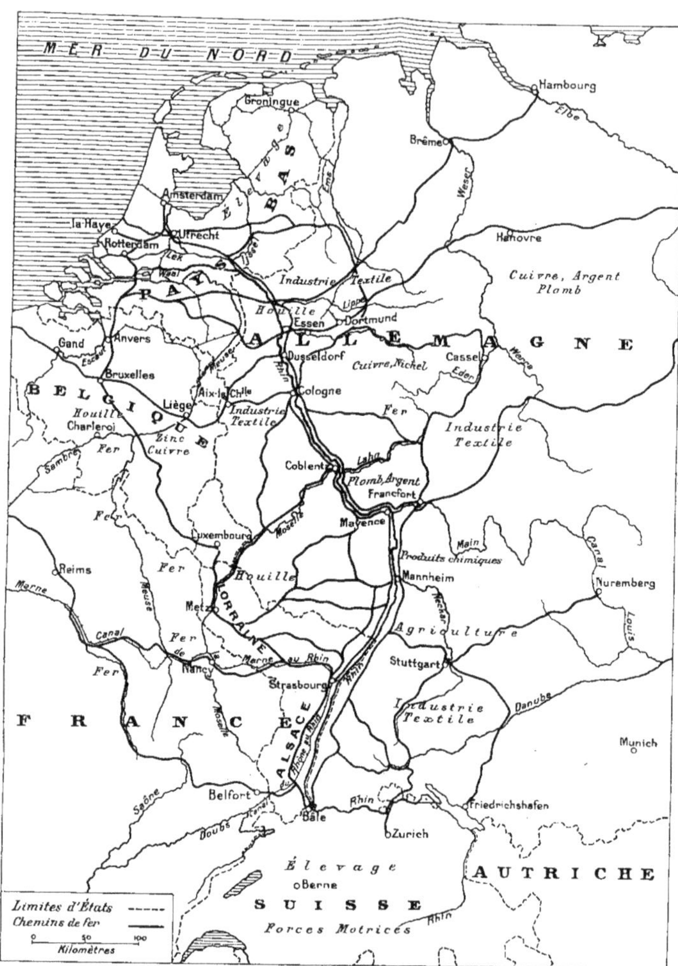

APERÇU DE LA VALLÉE ÉCONOMIQUE DU RHIN.

Observer le développement des chemins de fer et la direction générale des grandes lignes partant de la Suisse.

INTRODUCTION

Dans une série d'articles publiés en juin 1916, par la *Gazette de Lausanne* (13, 14 et 15 juin), au sujet de la Conférence économique des Alliés qui se tenait alors à Paris, j'ai parlé des revendications de la Suisse au prochain Congrès de la Paix et fait observer qu'ayant subi les effets directs et indirects du blocus, la Confédération helvétique était en droit de manifester certains désirs lors du remaniement de la carte d'Europe. Comme il est impossible de s'étendre dans un journal quotidien sur toutes les conséquences d'une idée émise, j'ai cru devoir écrire le présent ouvrage, afin de développer quelque peu la question principale soulevée dans mon article. Il s'agit donc de la neutralisation du Rhin ou du « Rhin libre ».

Ce problème comporte deux facteurs distincts : le premier a trait à la neutralisation, en temps de paix comme en temps de guerre, de la navigation sur le Rhin; le deuxième concerne la neutralisation de tout le bassin du Rhin par une zone douanière ou par un Etat nouveau. Il intéresse la Suisse et les gouvernements de l'Entente, car la solution du premier facteur assurerait l'indépendance économique de la Suisse et la solution du second fournirait la base d'une paix durable et définitive.

Rares sont nos Confédérés qui ont compris la portée de la question et, tandis qu'à l'étranger, chez nos voisins du Nord, de l'Est et de l'Ouest, une discussion était ouverte à ce sujet et que des mesures ont même été prises à cet égard, Zurich rêvait à la canalisation du Rhin en faveur d'un projet de voie navigable entre le Rhin et le Danube, et Genève parlait à tort et à travers du Rhône libre, ne pensant qu'à un canal proposé du Rhône au Rhin, à travers la Suisse.

Nous sommes évidemment encore trop *régionalistes* et n'avons pas appris, jusqu'à présent, à penser *nationalement*. A la réflexion, on se rendra compte que ces deux projets n'ont qu'une valeur très problématique, car leur exécution dépend essentiellement de la voie libre, de la porte ouverte sur le Rhin. D'autre part, il existe déjà un canal du Rhône au Rhin, qui, après la guerre, lorsque l'Alsace sera redevenue française, passera entièrement sur le territoire de nos voisins de l'Ouest. Et, il y a un canal du Rhin au Danube, le Canal Ludwig, par le Main et la Regnitz, conçu, selon certains auteurs, par Charlemagne et qui assure les communications entre la Bavière et l'Autriche. En outre, la question de savoir si les belligérants, appauvris par la guerre, songeront à encourager de nouveaux projets avant de développer les moyens de communication qu'ils possèdent, est encore trop hypothétique pour qu'on puisse faire fond sur une telle conjecture. Leur premier intérêt sera de donner du travail aux hommes dès leur retour au foyer et le développement de leurs propres moyens de transport est une des œuvres à laquelle ils s'attacheront avant tout, dans le but d'augmenter le plus possible leur production. Enfin, ainsi que nous l'avons dit, la condition préalable à la réalisation des projets en question est d'ouvrir le Rhin à la navigation suisse.

Le fait est que, malgré toutes les ententes internationales, la navigation sur le Rhin est apparemment suspendue depuis le 1er août 1914. Toutefois, chose singulière, la *Gazette de Francfort,* du 17 juillet 1916, demandait le droit pour l'Allemagne, de transiter, par les canaux hollandais, des marchandises et même des *munitions,* entre l'Empire et la Belgique, c'est-à-dire, à destination d'Anvers. Le journal allemand se basait à cet égard sur la convention du 17 octobre 1868, qui assure la porte ouverte sur le Rhin.

Il semblait donc, d'après cet article, que les ententes relatives à la navigation sur le fleuve devaient être considérées comme lettre morte en temps de guerre. Mais un fait nouveau est venu controuver cette opinion. En août dernier, la même *Gazette de Francfort* annonçait qu'une entente avait été conclue entre la Hollande et l'Allemagne, concernant le transit, en juillet et août 1916, de 680,000 tonnes de matériaux, à travers les canaux néerlandais du bassin du Rhin ! Et conclue en juin 1916 !

Le principe de la navigation du Rhin, en temps de guerre, était ainsi reconnu, puisque l'Allemagne avait songé à revendiquer son droit absolu de transit et que la Hollande ne s'y était pas opposée. Or, ce principe a une grande importance pour la Suisse ! Comment se fait-il que le Conseil fédéral n'ait rien à dire au peuple helvétique à ce sujet?

Cette question résume ce que pensait au fond la *Revue suisse d'exportation*, N° du 27 juillet. Elle mentionnait que, d'après le premier article de la Convention de 1868, la navigation sur le Rhin et ses embouchures, de Bâle à la pleine mer et *vice-versa*, était libre pour les navires de toutes les nations, en vue du transport des marchandises et des passagers, sous condition d'observer les mesures générales de sécurité et certaines dispositions particulières des articles 15 et 22. Ces dispositions favorisent les Etats riverains, mais, d'autre part, le transit de toutes marchandises couvre la question des munitions de guerre, puisque, d'après l'interprétation de la *Gazette de Francfort* (17 juillet), la seule restriction au transit ne peut provenir que des *mesures de police sanitaire*.

Toutefois, il existe encore autre chose: le fait catégorique de la loi anglaise de juin 1915, dite: *Customs Exportation Restriction Bill* (restriction du commerce d'exportation par le service des douanes). Cette loi *interdit toute exportation anglaise à destination de la Hollande, soit pour ce pays, soit en transit par le Rhin.* Elle fut élaborée après la signature de l'entente relative au Trust d'Importation néerlandais et c'est principalement à cause de cette mesure que la Confédération Helvétique s'est vue obligée d'accepter les conditions qui lui ont été imposées pour son ravitaillement. La Société Suisse de Surveillance a suivi comme effet immédiat.

Or, de ce qui précède : 1° du fait que l'Allemagne a demandé et obtenu le droit de transit sur les canaux néerlandais du bassin du Rhin, en vertu de la Convention de 1868; 2° du fait que l'Angleterre a établi un blocus des bouches du Rhin, afin d'interdire tout transit par cette voie, il y a lieu de conclure que la Convention de la Navigation du Rhin de 1868 assurait réellement la liberté du transit international, en temps de guerre comme en temps de paix; et ce, tant au point de vue allemand qu'à celui de l'Angleterre et de la Hollande. La convention en question ne dit pas un mot du cas de guerre, il est vrai (ni de la Suisse), mais le fait qu'elle couvre toutes les marchandises et n'impose qu'une seule restriction d'ordre général, démontre que la libre navigation était prévue en tous temps. Et, c'est manifestement en vertu de cette interprétation que l'Allemagne a obtenu de la Hollande le droit de transit signalé plus haut, et que la Grande-Bretagne a bloqué le Rhin !

★

Pour ce qui concerne la Suisse, il apparaît clairement que l'arrêt de la navigation le 1er août 1914, du fait de l'Allemagne, a été contraire à l'esprit et à la lettre de la Convention de 1868. Faut-il en conclure que notre neutralité ait été violée, de ce chef ? Ce serait aller un peu loin.

Cette question n'exprime pas, au fond, tout ce que l'on pourrait dire à cet égard. La *Revue suisse d'exportation* demandait même si nous n'aurions pas vendu notre droit de naviguer sur le Rhin, comme Esaü, pour un plat de lentilles, car elle rappelait la tentative de création, peu avant la guerre, d'une Société suisse de navigation de Bâle à Rotterdam, *dont la majorité des actions appartenait à des Allemands.* Si la revue en question concluait de la sorte, en raison de ce simple fait d'avant-guerre, que dire de la récente constitution d'une nouvelle Société suisse de navigation de Bâle à Rotterdam, *toujours avec des capitaux allemands*, mais pas en majorité, il est vrai ?[1]

Que dire aussi de la convention économique entre la Suisse et l'Allemagne, récemment conclue, et qui concerne notre ravitaillement en charbon et en fer ? Le droit de navigation sur le Rhin eût été pour nous le *seul moyen* d'échapper au Monopole allemand du charbon et du fer, monopole qui tendait à dominer toutes nos industries. Or, loin de revendiquer ce droit, loin d'insister sur la porte ouverte, les autorités fédérales ont signé la convention qui met nos industries, pieds et poings liés, sous la coupe des syndicats allemands du fer et du charbon !

★

La situation, on le voit, est d'une exceptionnelle gravité; si elle ne dénotait pas de la négligence à l'égard des intérêts économiques du peuple suisse, elle démontrerait, dans tous les cas, une conception erronée de la situation générale qui résulte des événements militaires. La main mise par les Allemands sur la Belgique et certaines régions de la France; leurs efforts

[1] Le siège social de cette Société suisse est à Mannheim !

en Russie et dans les Balkans; le fait qu'ils ont, pour l'instant, assuré leur axe d'expansion économique « Hambourg-Baghdad » ; tout indique l'exécution d'un plan économique d'une envergure incontestable. Le *Mitteleuropa* se réalise à l'intérieur des tranchées-frontières et la moindre erreur de notre part peut nous entraîner fatalement dans l'orbite de l'Europe centrale. Attention !

Les traités de 1815 qui assurent notre indépendance et notre neutralité, portent la mention suivante : « Les Puissances signataires de la déclaration du 20 mars reconnaissent authentiquement par le présent acte, que la neutralité et l'inviolabilité de la Suisse et son indépendance de toute influence étrangère sont dans les vrais intérêts de la politique de l'Europe entière. »

Or, nous sommes déjà aux mains du monopole allemand du charbon et du fer; nous n'avons jamais revendiqué le droit de navigation sur le Rhin; nous créons une Société de navigation *avec capitaux allemands,* au lieu de confier l'exploitation de ce moyen de transport à nos Chemins de fer fédéraux; nous gravitons vers l'Europe centrale. Attention !

D'autre part, autant notre inviolabilité et notre

neutralité sont dans les vrais intérêts de l'Europe, autant notre indépendance économique est également dans les vrais intérêts du Continent. Nos traités de commerce avec nos voisins expirent prochainement; déjà les problèmes du Gothard sont soulevés en France; il est question aussi de la dénonciation des zones franches; tous ces faits ont une importance considérable. Si nous nous laissions influencer économiquement d'une manière ou d'une autre, contrairement à l'esprit des Actes de 1815, nous constaterions bientôt que la Question du Rhin, elle, subsisterait *tout entière*. Notre droit de navigation est, pour ainsi dire, reconnu par les actes mêmes des belligérants, mais si nous gravitons vers l'Europe Centrale, nous courrons le risque d'être évincés, par la Victoire des Alliés, de la seule voie à la mer qu'il nous serait possible de revendiquer. Attention !

★

Cette question, toutefois, semble avoir peu d'importance dans le grand conflit et le droit de naviguer sur le Rhin apparaît comme une vétille. Est-ce bien sûr ? Soulevons un coin du voile qui cache l'avenir et imaginons l'Alsace-Lorraine rendue à la France. C'est dans l'ordre des choses possibles, n'est-ce pas? Bon... Mais la France sur le Rhin, est-ce que cela ne veut pas dire quelque chose d'extraordinaire, non seulement pour le mouvement économique de la Suisse, mais pour le monde entier? L'Alsace-Lorraine est la clef de voûte de l'Empire allemand. C'est la crainte de l'hostilité perpétuelle de la France qui, depuis 45 ans, a maintenu l'Allemagne du Sud dans l'Empire fondé par la Prusse. La France de nouveau sur le Rhin! Il passe devant nos yeux des visions : Custine à Mayence et acclamé à Spire; Murat à Düsseldorf; la rive gauche du fleuve échappant à la Prusse; l'Unité allemande compromise, s'écroulant, politiquement et économiquement!

Et, la fin du rêve de l'Unité allemande, mais c'est absolument la Paix universelle!

Au point de vue politique, l'Unité allemande ne peut se faire qu'aux dépens de l'Autriche, mais elle ne saurait s'effectuer si la France était sur le Rhin. En effet, la bataille de Sadowa, en 1866, et les événements de 1871, ont déplacé le centre de gravité du Germanisme; du coup, l'Allemagne du Nord est devenue une puissance occidentale et l'Autriche-Hongrie une puissance orientale. C'est pour cette raison que la Dynastie des Habsbourg s'est efforcée de lutter contre cette tendance, par la Constitution austro-hongroise de 1867 et d'autres mesures ayant pour but d'enrayer le développement des Slaves. Le Germanisme autrichien et magyar n'a recherché que l'oppression d'une majorité par une minorité. Mais l'Alsace-Lorraine faisant retour à la France et cette dernière étant de nouveau sur le Rhin, c'est le Germanisme remis en question dans toute l'Europe Centrale. Deux cas peuvent alors se présenter : ou l'Allemagne demeurerait un Empire et les nations sud-allemandes lui resteraient attachées, ou bien ces nations passeraient sous l'influence autrichienne, qui leur est plus assimilable. L'Histoire du Germanisme reculerait ainsi à 1862, à la veille de la nomination de Bismarck comme ministre de Prusse, et dans les deux cas, un régime nouveau devrait être institué dans la vallée du Rhin.

Il est incontestable que la situation actuelle ne peut durer; la Suisse a le droit de naviguer sur le fleuve, mais les traités conclus par l'Allemagne l'en empêchent. C'est pourquoi, en vue d'éveiller l'intérêt français à l'égard de ce problème si important pour nous, j'ai considéré la

France comme étant sur le Rhin, l'Alsace-Lorraine comme étant d'emblée rattachée à la France. Et l'intérêt suisse bien compris doit légitimement envisager cette solution comme essentielle pour l'indépendance économique de la Confédération Helvétique !

Au fond, quand on y réfléchit bien, on se rend compte que nos efforts contre la prédominance économique de l'Allemagne chez nous, n'aboutissent pas, précisément parce que le Rhin est Allemand; la présence de la France sur ce fleuve nous assurerait non seulement cette indépendance, mais encore, elle serait une sauvegarde pour notre neutralité.

Le problème du Rhin est donc d'une importance vitale pour la Suisse et même quand on envisage uniquement la question de la neutralisation de la navigation sur le fleuve, on implique fatalement l'institution d'un régime nouveau dans sa vallée. Par suite, même au point de vue Suisse, nous devons considérer le rétablissement de la situation riveraine du fleuve à ce qu'elle était avant 1870, comme une nécessité absolue pour notre indépendance économique. En effet, qu'on le veuille ou non, si le bassin du Rhin demeurait après la guerre sous l'hégémonie prussienne, tôt ou tard, le fleuve deviendrait allemand *de sa source à son embouchure.* Ce serait l'Europe centrale réalisée ! Et si ce bassin était neutralisé, c'est-à-dire s'il n'était plus allemand, mais réellement international, le rêve de l'Europe centrale s'évanouirait !

C'est le bassin du Rhin qui constitue l'usine où se forgent les armes du militarisme prussien et du Pangermanisme; c'est donc dans cette région que réside le véritable nœud du problème. L'Autriche-Hongrie n'est, au fond, qu'un terrain d'ébats politiques. La Monarchie dualiste disparue, l'Allemagne n'en subsisterait pas moins et plus grande, peut-être, qu'avant la guerre ! Mais dès qu'on porterait atteinte à sa puissance économique en éloignant la Prusse du Rhin, on toucherait au cœur l'Impérialisme Allemand.

Nous allons nous efforcer d'exposer toutes ces questions, car, à notre avis, le « Rhin Libre » assurerait la Paix universelle. Toutefois, d'autres conditions seraient aussi essentielles : nous en parlerons dans un prochain volume sur l'Europe centrale.

V. S. R.

Genève, Octobre 1916.

CHAPITRE PREMIER

Géographie et Histoire.

> « Le Rhin réunit tout. Le Rhin est rapide comme le Rhône, large comme la Loire, encaissé conme la Meuse, tortueux comme la Seine, limpide et vert comme la Somme, historique comme le Tibre, royal comme le Danube, mystérieux comme le Nil, pailleté d'or comme un fleuve d'Amérique, couvert de fables et de fantômes comme un fleuve d'Asie. » Victor HUGO.

> « Il a tenu dans notre verre ! »
> Alfred DE MUSSET.

Le Rhin est déjà un des grands cours d'eau de l'Europe au sortir de la Suisse. D'une longueur totale de 1225 kilomètres, dont 456 en Suisse, 609 en Allemagne et 160 en Hollande, il baigne un bassin d'environ 196,300 kilomètres carrés (d'après Strebitzky), soit un tiers de la superficie de la France. Elisée Reclus estime que le bassin du Rhin s'étend en réalité sur 251,790 kilomètres carrés, en y comprenant les régions parcourues par la Meuse, considérée comme un affluent du Rhin. Ce fleuve majestueux est navigable sur plus de 800 kilomètres; sa profondeur varie de 2 à 3 mètres, à Bâle, jusqu'à 16 mètres à Düsseldorf; sa largeur moyenne et canalisée est de 250 mètres; à Mayence, cette largeur atteint 625 mètres.

Ses affluents sont également navigables; le Neckar, sur 218 kilomètres; le Main, sur 330; la Moselle, sur 344, et la Saare, sur 119; la Lippe, sur 192. Au total, le bassin du Rhin comporte 2982 kilomètres de voies navigables.

Les bateaux de 500 à 600 tonnes peuvent remonter le fleuve jusqu'à Spire, la profondeur moyenne étant de 5 mètres. De Bâle à Germersheim, les chalands jaugeant jusqu'à deux mètres, suivent le courant sans difficultés. De Cologne partent nombre de navires de haute mer. [1]

[1] J'indique ici, par courtoisie, quelques données sur le Rhône, d'après l'étude publiée dans *La Nature*, le 19 août 1916.

De la Suisse à la mer, le Rhône a une longueur de 523 kilomètres, mais sa profondeur varie constamment sur ce parcours, par suite des sables et des graviers charriés au moment des crues et des déplacements de lit. En fait, le Rhône n'est navigable que de Lyon jusqu'à son delta. Il est continué ensuite par le canal de Marseille au Rhône, d'une largeur

Le Rhin communique avec tous les canaux de Hollande par ses embouchures, le Waal et le Rhin, qui se subdivisent elles-mêmes en d'autres fleuves, l'Yssel, se jetant dans le Zuiderzée,

moyenne de seulement 25 mètres et de 2 m. 50 de profondeur d'eau.

De grands travaux ont été effectués depuis 1881 en vue d'assurer un chenal, mais le seul résultat obtenu a été de rendre le courant encore plus impraticable. En effet, la vitesse moyenne des eaux est de 10 à 14 kilomètres à l'heure. Le Rhin a une pente moyenne de 18 centimètres par kilomètre ; le Rhône a une pente qui varie de 50 à 77 centimètres par kilomètre.

Enfin, à cause des crues et des basses-eaux, la durée moyenne de la navigation sur le Rhône n'est que de 265 jours par an, sur deux mètres de fond ; pour ce qui concerne le Rhin, la durée moyenne de la navigation est de 346 jours par an ; il n'y a que 19 jours d'interruption à cause des crues, des basses eaux ou des glaces ; et la profondeur des eaux est de trois mètres à Bâle.

En somme, les conditions de navigabilité du Rhin sont bien supérieures à celles du Rhône. On envisage même, pour ce dernier, la nécessité de créer un canal latéral.

L'intérêt français pour le Rhône navigable de Genève à la mer, ne porte au fond que sur la source de forces motrices de 300.000 chevaux, que, d'après le projet Blondel, Harlé et Mæhl, il serait possible de créer au moyen d'un barrage à Génissiat.

Mentionnons aussi que, d'après les plans des Ponts et Chaussées, le canal latéral du Rhône, de Lyon à Arles, aurait une longueur de 270 kilomètres, sur une largeur de 27 mètres et une profondeur de 2 m. 50 d'eau. Il passerait sur le Rhône, par un pont canal, et nécessiterait l'établissement de 31 écluses. Et il n'est encore qu'à l'état de projet, tandis que le Rhin ne comporte aucune écluse et il est navigable jusqu'à la pleine mer, avec un seul passage difficile, de 27 kilomètres, entre Bingen et Saint-Goar, où la pente du fleuve atteint 46 centimètres par kilomètre. Or, sur le Rhône, la pente la plus douce est de 49 centimètres.

le Vieux-Rhin, qui atteint la mer à Amsterdam, etc. Les canaux néerlandais communiquent aussi avec les bouches de la Meuse et de l'Escaut; la Meuse est d'ailleurs considérée comme un des affluents du Rhin. Ce dernier communique également avec le Weser et l'Elbe (Brême, Hambourg, le canal de Kiel et la Baltique), par le canal de l'Ems-Dortmund et ceux d'Ems-Hunte et d'Hamme-Oste. Il est naturellement en relations directes avec Anvers et la Belgique, par les canaux hollandais et belges (canal Guillaume, canal de la Campine, etc.); ses communications avec la France sont assurées jusqu'à la Seine et l'Atlantique, par le canal de la Marne au Rhin; jusqu'à la Méditerranée, par le canal du Rhône au Rhin (312 kilomètres), l'Ill et le Doubs, et enfin, par le Main et le canal Ludwig, avec le Danube, la mer Noire, etc. En somme, le Rhin communique avec toutes les mers européennes.

Le Rhin ne s'ensable pas comme l'Elbe, l'Oder ou la Loire; d'ailleurs, de très grands travaux ont été exécutés sur son parcours moyen pour maintenir la voie navigable. Les travaux de canalisation ont commencé activement en 1818; ils ont été particulièrement poussés de 1840 à 1872 et, depuis cette date, l'Allemagne a dépensé des sommes considérables pour l'amélioration du chenal navigable.

Une commission technique siège chaque année, le 1er juillet, à Mannheim, qui élabore les plans de développement; mais nous anticipons ici sur le domaine historique.

★

On peut affirmer, sans exagération, que le Rhin et sa vallée ont, de tout temps, joué un rôle prédominant dans l'Histoire de l'Europe Occidentale. Habitée à l'origine par les Celtes ou Gaulois dont on a retrouvé des traces dans des tombeaux et dans les noms de certaines villes : Mayence *(Moguntracium)*, Worms *(Borbetomagus)*, cette région subit la pression teutonique à partir du IVe siècle avant l'ère chrétienne. Puis, la marche des Germains fut enrayée par les Romains. Jules César franchit deux fois le Rhin, qui devint une frontière de l'Empire contre les hordes barbares. Auguste et ses successeurs fortifièrent le fleuve et nombre de légions romaines y tinrent garnison. Il subsiste encore des monuments de cette époque sur toute la rive gauche du Rhin. Pendant plus de deux siècles, les Romains continrent les progrès des invasions barbares et apportèrent leur culture et leur civilisation aux habitants du pays. On peut affirmer que le développement économique et la culture de la population rhénane remontent à ses origines gallo-romaines, car les habitants de ce territoire étaient civilisés alors que la Prusse était encore dans sa genèse.

Les Barbares parvinrent enfin à rompre les digues qui leur étaient opposées ; puis vint Charlemagne qui conquit toute la vallée du Rhin et fit d'Aix-la-Chapelle sa capitale. Sous son règne, le bassin du fleuve réalisa de grands progrès en agriculture. Mais, le moyen âge lui succéda, amenant avec lui l'hégémonie spirituelle de l'Eglise. Ce fut l'époque du chaos, des barons pillards, dont le Rhin émergea, en 1648, après la guerre de Trente Ans, sous une forme nouvelle. Un grand ministre était venu mettre de l'ordre, mais s'était attribué l'Alsace pour prix de ses services. En 1681, Strasbourg devint française et, en 1697, le traité de Ryswick confirmait définitivement les droits de la France sur une partie de la vallée du Rhin. La Lorraine, restituée à Ryswick, fut rendue à la France au traité de Vienne, en 1738.

Cependant, la conquête de l'Alsace et de la

Haute Moselle par la France n'avait pas profondément modifié la situation économique de la vallée du Rhin. Elle était toujours sous le régime féodal, car au XVIIIe siècle, l'Allemagne comprenait encore 360 principautés et souverainetés diverses. Mais la chanson aux lèvres et les armes luisantes, les volontaires de 1792 devaient bouleverser le lit du fleuve; la République réalisa l'unité du bassin rhénan et les « sans-culottes » de Custine plantèrent le drapeau tricolore, au son de la *Marseillaise*, à Mayence, Spire et Worms. C'est de cette époque que date le problème de la navigation libre sur ce fleuve, ainsi que nous le verrons plus loin.

La Confédération du Rhin, instituée par le traité de Presbourg et dont Napoléon était le protecteur, confirma la situation, mais les dynasties reprirent leurs droits et au Congrès de Vienne, en 1815, tout fut remis en question. Enfin, en 1871, la France fut rejetée en deçà de ses frontières et le Rhin devint presque complètement allemand.

*

En ce qui concerne la navigation sur le fleuve, il suffit de dire, pour montrer son importance, qu'il a toujours été navigable jusqu'à Laufenbourg, en amont de Bâle, malgré ses sautes de lit et ses marais. *De tout temps, ce fleuve a parcouru les régions les plus peuplées de l'Europe, pour se jeter dans les mers les plus fréquentées.* Il a donc été une artère commerciale de la plus haute valeur. Toutefois, il convient de reconnaître que les Romains, par leurs préfets et leurs proconsuls, avaient introduit un système de péages et de redevances de navigation qui, malheureusement, a été une entrave au mouvement commercial. Les Francs ont continué ces usages; la féodalité en a fait un abus. La vallée du Rhin, répartie politiquement en un grand nombre de principautés, était exploitée par les barons pillards; mais le fleuve, ou plutôt son trafic, constituait une source importante de revenus d'Etat. Et les péages se multiplièrent à un tel point, qu'au XVIe siècle, les redevances payées par la navigation s'élevaient annuellement à 5 millions de francs de cette époque. Les armées de la République apportèrent un changement à cette situation, car l'unification politique devait précéder l'unité économique. A l'honneur impérissable de la France, ce fut elle qui, la première, eut l'idée de la libre navigation sur le Rhin. En effet, les instructions données par le Directoire aux plénipotentiaires français du Congrès de Rastatt, mentionnaient, parmi les demandes de la France, *la liberté de navigation sur tout le parcours du Rhin*. Ce Congrès dura de 1797 à 1799, mais on sait que les délégués de la République furent assassinés par les Autrichiens; ce qui fit recommencer la guerre.

La question du Rhin restait donc en suspens, mais le traité de Lunéville (1801), qui assurait à la France la rive gauche du fleuve, permit à Bonaparte, Consul, de négocier avec l'Allemagne au sujet de l'abolition complète des péages. En 1803, la Diète germanique sanctionna enfin la suppression de ces droits et le Rhin était libre ! Les modalités de cette mesure ont fait l'objet d'une convention d'octroi, en date du 15 août 1804, entre la France et l'Allemagne, mais leur mise en vigueur fut toujours discutée par la Hollande, qui, à cette époque, était connue sous le nom de République batave. Les discussions soulevées par les Pays-Bas, déjà soulagés de la Belgique au profit de la France, décidèrent Napoléon à convertir la Hollande en un Royaume et enfin, en juillet 1806, par la création de la Confédération du Rhin, dont il était le protecteur, Napoléon réalisa la base politico-économique de son blocus continental. Inutile de dire que, grand économiste autant que grand capitaine, Napoléon avait compris l'importance du Rhin. Il est possible qu'il n'ait pas entrevu l'avenir de la navigation à vapeur, mais il est certain qu'il a parfaitement envisagé la valeur économique de cette vallée. *Le 31 octobre 1810, l'Empereur proclamait la liberté de la navigation en Hollande et sur tout le parcours du Rhin.*

L'activité commerciale de cette artère fut considérable de 1806 à 1815. Le Congrès de Vienne, qui s'était appliqué à effacer tout ce que la Révolution et Napoléon avaient accompli, hésita en ce qui concerne le Rhin et, louvoyant, il adopta une Convention sur la navigation du fleuve. Cette convention instituait la libre navigation décrétée par Napoléon et établissait une taxe douanière uniforme. Toutefois, Lord Castlereagh[1], qui aimait brouiller les cartes, exigea

[1] Délégué de l'Angleterre au Congrès de Vienne.

la constitution d'une commission centrale de la navigation rhénane, composée de délégués des Etats riverains. Il espérait ainsi protéger son pays, en proie à la Révolution industrielle, contre tout développement économique de la région rhénane, en lui suscitant des difficultés. Les séances de cette commission commencèrent le 15 août 1816, à Mayence, et la politique des Pays-Bas, appuyés par l'Angleterre, fut obstructionniste au point de compromettre définitivement l'élaboration des règlements prévus par le Congrès de Vienne. La révolution belge, la séparation de la Belgique et de la Hollande engagèrent, toutefois, cette dernière sur les voies de la prudence et elle consentait enfin, le 17 juin 1831, à approuver le règlement de la navigation générale du Rhin. Mais cette entente avait attendu quinze années et n'était pas parfaite. Le développement de la navigation en souffrit; les Etats riverains étaient trop favorisés, car les taxes imposées frappaient surtout les navires étrangers. Ce n'était pas encore la porte ouverte et les chemins de fer allaient venir, enfonçant toutes les barrières.

Après tant d'années d'opposition, la Hollande s'aperçut de son erreur; elle croyait s'assurer un monopole et la voie ferrée devait la détromper. Ce fut elle, alors, qui demanda une révision des tarifs de navigation sur le Rhin, tarifs qui furent modifiés à nouveau en 1844.

Enfin, Bismarck s'empara de la question. Il lui fallait le Rhin allemand; il entama des négociations en 1866 et obtint l'abolition complète de toutes taxes. Le 17 octobre 1868, la convention de la navigation du Rhin était signée et entrait en vigueur le 1er juillet 1869.

Cette convention institua, nominalement, la liberté complète de la navigation sur le Rhin pour les navires de toutes les nations et pour toutes les marchandises. Les droits de navigation portent sur l'ensemble des canaux ou voies fluviales du bassin du Rhin, y compris les sections Néerlandaise et Française, mais pas celle de la Suisse. Une commission technique a été instituée qui se réunit les 1er juillet de chaque année à Mannheim et étudie les plans d'amélioration; la Suisse n'y figure pas. L'article premier de cette convention spécifie que la navigation est libre pour les navires de toutes nations, de Bâle à la mer et vice-versa, mais, au fond, elle n'a été faite que pour la Prusse. Les seules restrictions imposées concernent les quarantaines de santé. Il n'est pas établi que cette convention ait trait plus particulièrement au temps de paix. Mais elle spécifie que les navires appartenant à la flotte du Rhin, ainsi que les trains de bois, peuvent naviguer par le bassin néerlandais jusqu'à la mer libre ou la Belgique, et vice-versa, sans autres restrictions que celles imposées par des mesures générales de sécurité. Et toutes les marchandises sont autorisées à transiter par cette voie, sans aucune exception. C'est très général.

En vertu de cette convention, et d'autres contrats complémentaires, l'Allemagne, en juin 1916, a demandé à la Hollande le droit de transiter, par les canaux néerlandais, 680,000 tonnes de matériaux destinés à la Belgique et principalement à Anvers. Et le 17 juillet, la *Gazette de Francfort,* dans un article intitulé : *Holland und die deutsche Durchfuhr nach Belgien* (La Hollande et le trafic allemand avec la Belgique), revendiquait pour l'Allemagne le droit de transporter des *munitions* en Belgique et à Anvers, au moyen des canaux du Rhin. Etant donné que cet article a été approuvé par la censure allemande, il apparaît évident que le transit de munitions par les canaux hollandais, demandé par l'Allemagne, devait être autorisé implicitement par la Convention de 1868. Et, en effet, tel est le cas, ainsi qu'on le verra plus loin.

Mais il serait surtout intéressant de savoir pourquoi l'Allemagne a suspendu tout trafic sur le Rhin à destination de la Suisse, à la date du 1er août 1914, alors qu'au cours de la guerre, elle a exigé et obtenu de la Hollande l'exécution de la convention de 1868. Tant pour la question historique.

CHAPITRE II

Aperçu économique de la Vallée du Rhin.

Le bassin du Rhin est le plus peuplé de l'Europe. Il comprend la Suisse, la Hollande et la Belgique, dont la population totale atteint 17 millions d'habitants. Il comprend aussi certaines régions des pays envahis de la France, celles faisant partie du bassin secondaire de la Meuse, soit environ deux millions d'habitants. En Allemagne, il couvre une partie de la Bavière, du Wurtemberg et du Hanovre, les grands duchés de Bade et de Hesse-Darmstadt, l'Alsace-Lorraine, le Luxembourg, les provinces prussiennes du

Rhin, de Westphalie et de Hesse-Nassau, ainsi que les principautés de Lippe. La population de la région actuellement allemande atteint environ 22 millions d'habitants : 1,814,000 en Alsace-Lorraine, 4,125,000 en Westphalie, 7,121,000 dans la province Rhénane, 2,221,000 dans celle de Hesse-Nassau et 2,142,000 dans le Grand-Duché de Bade. Le Palatinat, une autre partie de la Bavière, une section du Wurtemberg et du Hesse-Darmstadt, etc., amènent le total général à 40 millions d'habitants au moins.

Observer que dans le cas de la création d'une Confédération Rhénane d'ordre politique, les éléments alsaciens-lorrains voteraient probablement avec les Français, les Belges, les Hollandais, etc., ce qui donnerait à ces éléments les voix de 21,000,000 d'habitants contre 19,000,000 d'origine germanique. Politiquement, ce serait un État bien équilibré, de même qu'au point de vue des races et des langues.

La densité de la population dans cette partie du monde est la plus importante qui existe. La moyenne générale de l'Allemagne est de 120 habitants par kilomètre carré; en Russie, de 20; en France, de 73; en Grande-Bretagne, de 144. Or, la Belgique a une densité de population s'élevant à 252 habitants par kilomètre carré; la Suisse, à 91; la Hollande, à 171; le Luxembourg, à 100; l'Alsace-Lorraine, à 129; le Palatinat, à 158; le Hesse-Darmstadt, à 166; la province Rhénane, à 263; la Westphalie, à 204 et le Hesse-Nassau, à 141. La vallée du Rhin est donc indubitablement un des centres de population les plus considérables qui existent, car les fourmilières de l'Inde Britannique et de la Chine n'ont qu'une densité de, respectivement, 67 et 28 habitants par kilomètre carré.

Cette agglomération importante devait naturellement se préoccuper de moyens d'existence; aussi l'agriculture est-elle très en honneur dans cette région. Cette assertion est démontrée par la comparaison suivante :

Les plus gros producteurs de céréales panifiables sont incontestablement la Roumanie, la Hongrie, la Russie, l'Argentine, le Canada et les Etats-Unis. Or, le rendement de froment, par hectare cultivé, dans ces pays, est, dans leur ordre respectif, de 14,1 quintaux, 12,8, 9,1, 7,8, 14,1 et 10,2.

En Belgique, le rendement par hectare est de 25,2 quintaux de froment; en Hollande, de 24,2; en Suisse, de 22; en Allemagne Rhénane, de 19,9 pour la Westphalie, 20,4 pour la province du Rhin et 18,2 pour celle de Hesse-Nassau.

Etant donné que le rendement français, par hectare, est de 13,3 quintaux; celui de l'Italie, de 12,2, et de l'Autriche, de 13,4, on doit reconnaître qu'au point de vue économique, la population de la vallée du Rhin marque une avance considérable sur toutes celles considérées comme « agricoles ». Non qu'il y ait plus de travail, mais il ressort clairement de ces chiffres, une meilleure utilisation des moyens mécaniques et artificiels et, partant, une étude plus approfondie des conditions qui régissent la matière.

Et ce fait est encore plus frappant lorsqu'on observe qu'en Belgique, 21,90 % seulement de la population s'adonne à l'agriculture, contre 41,42 % en France et 59,06 % en Italie, et que, dans les provinces allemandes du Rhin, à peine 30 % de la population exerce cette profession, contre 60 % en Autriche et 70 % en Hongrie.

Citons, pour mémoire, l'élevage suisse et hollandais et retenons que, malgré le développement agricole de cette région, la population est si dense, qu'elle ne saurait se suffire au moyen des produits du pays. Elle doit importer des denrées alimentaires.

L'activité de cette population va encore mieux ressortir du fait de ses occupations industrielles et commerciales. Par exemple, avant la guerre, le commerce néerlandais (Hollande d'Europe) dépassait 13,500 millions de francs par an, soit, pour une population de 5,858,000 habitants, une moyenne de plus de 2000 francs par tête. Le commerce belge était de plus de 8 milliards de francs par an, soit, pour 7,423,000 habitants, plus de 1000 francs par tête. Le commerce suisse atteignait 3100 millions de francs, soit environ 825 francs par tête. Chose remarquable, le classement par moyenne de commerce annuel et par habitant, donne les trois premières places dans l'activité universelle aux trois pays en question. *Les nations les plus actives au monde sont donc celles qui habitent la vallée du Rhin.* Les Anglais ne font que pour 550 francs d'échanges internationaux par habitants; les Français pour 350 francs; les Allemands pour 325 francs, et les Etats-Unis pour seulement 200 francs.

Ces quelques chiffres révèlent une activité énorme, une puissance d'achat considérable et une force productive d'autant plus accentuée que les trois contrées en question ne sont pas considérées comme des pays de grande industrie. Il y a donc dans ces faits un élément de valeur très important au point de vue purement ethnologique, un facteur qui dénote l'intensité du sentiment de bien-être matériel et intellectuel. Et, dans ce facteur lui-même, réside une puissance de cohésion remarquable, dont la manifestation est de nature à renverser toutes les théories de nationalité. Mais, n'anticipons pas; tenons-nous-en pour l'instant à élucider le caractère économique de la vallée du Rhin.

★

Nous n'avons pas encore examiné la valeur économique de la partie allemande de cette vallée. Dire que cette région est la plus importante de tout le bassin, ce serait peut-être exagéré, car, au point de vue agricole, la Hollande, la Suisse et la Belgique sont plus avancées que la Prusse Rhénane et, au point de vue commercial, la Hollande dépasse de loin toutes les nations du monde. Mais, nous basant sur les ressources naturelles et l'activité apportée à leur mise en valeur, il est certain que la région prussienne du Rhin est un des centres industriels les plus considérables qui soient. Si l'Allemagne ne disposait pas des richesses minières de cette vallée, elle n'aurait pas plus de valeur économique que les plaines de la Hongrie, ou que la Bulgarie, etc. Ce qui fait la puissance de l'Allemagne, c'est son charbon et son fer; les charbonnages de Westphalie couvrent, à eux seuls, une superficie de 2000 kilomètres carrés et sont parmi les plus importants du monde. Mais, voyons d'une manière plus détaillée ce qu'il faut en penser.

Charbons. — La production totale de charbon de l'Empire Allemand atteint 177 millions de tonnes, outre environ 60 millions de tonnes de lignite. En temps normal, le bassin du Rhin fournit les 68 % de la production totale de houille, proportion qui se décompose comme suit : 103 millions de tonnes de la Ruhr, 12,5 millions de tonnes de la Saar (le bassin houiller de la Saar a 52 kilomètres de longueur sur 50 de largeur), 3,6 millions de Lorraine et 3 millions des environs d'Aix-la-Chapelle, soit 123 millions de tonnes.

La consommation allemande de houille s'élève à 18 millions de tonnes pour les mines, 1,4 million pour les salines, 84 millions dans la métallurgie, 10 millions pour le bâtiment, 2 millions pour l'agriculture, 6 millions dans les brasseries, 3,3 millions dans l'industrie du sucre, 2,5 millions pour la céramique, la verrerie et le même chiffre pour l'industrie chimique, 2 millions dans l'industrie textile, 12 millions pour les usines à gaz et électriques, 21 millions pour les transports de toute nature et 20 millions pour les besoins domestiques. La consommation totale de l'Allemagne est de 191 millions de tonnes; elle se sert beaucoup de lignite, surtout en comprimés et briquettes, mais il n'en reste pas moins acquis qu'elle doit importer environ 10 millions de tonnes de charbons étrangers, dont 9,200,000 tonnes d'Angleterre.

Les centres houillers situés en dehors de la région rhénane, ceux de Silésie et de Saxe, ne se développent pas facilement à cause des conditions géologiques; 47 millions de tonnes proviennent de Silésie et 5,5 millions de Saxe. Près de Bonn, sur le Rhin, une exploitation de lignite produit environ 11 millions de tonnes par an.

Ajoutons qu'à la production rhénane, celle du bassin belge de Charleroi apporterait un appoint de 22 millions de tonnes, c'est-à-dire que la région du Rhin pourrait être considérée, dans l'économie mondiale, comme productrice de 150 millions de tonnes de houille et d'anthracite par an. Ni la Suisse, ni la Hollande ne possèdent de charbonnage.

Fers. — On peut dire, sans exagérer, que si l'Allemagne n'avait pas acquis, en 1871, une partie de la Lorraine Française, elle n'aurait jamais été en état de poursuivre la guerre actuelle. Son industrie sidérurgique dépend absolument des minerais extraits du bassin lorrain et de ses importations de Suède, de France et d'Espagne. A part un gisement dans la Westphalie et celui de Peine, en Haute Silésie, dont il est extrait environ 1 million de tonnes par an, *78 % des minerais de fer consommés en Allemagne sont de la minette lorraine*[1].

Le gisement de minette (minerai phosphoreux contenant environ 36 % de fer) est situé sur la frontière de France et d'Allemagne, entre Metz et Thionville, d'une part, et Montmédy et Verdun, d'une autre part. Ce gisement s'étend quelque peu en Belgique et dans le Luxembourg,

[1] Un auteur français, M. Engeraud, a publié un livre sur cette question : *Le Fer et l'Allemagne* ; mais les renseignements dont je me sers à cet égard sont puisés aux sources officielles allemandes.

ainsi qu'en Lorraine annexée et sur le département Français de Meurthe-et-Moselle. D'après le journal de l'« Union Allemande des Ingénieurs » (1910, page 1033), le gisement de minette lorraine est évalué à 5000 millions de tonnes de minerai, dont 2500 millions en France, 1800 millions de tonnes en Lorraine annexée et 700 millions de tonnes au Luxembourg et en Belgique.

La consommation allemande, en minerai de fer, étant de 46,394,000 tonnes, l'Empire doit importer environ 14 millions de tonnes chaque année, en plus de son extraction et de celle du Luxembourg dont il dispose. En 1913, il a été extrait 28,607,000 tonnes de ce minerai en Lorraine annexée, 6,380,000 tonnes au Luxembourg et importé 3,800,000 tonnes de minette, de France, 4,500,000 tonnes de minerai de Suède et 3,632,000 tonnes d'Espagne, etc. Observons à ce sujet que la France exportait, avant la guerre, 3,800,000 tonnes de minette en Allemagne et 4,754,000 tonnes en Belgique, sur une production totale de 12 millions de tonnes de minette et, pour tout le pays, de 18,500,000 tonnes de minerai de fer. Observons aussi qu'au lieu de fournir des fonds pour le traitement sur place de ces 8,500,000 tonnes de minerai exportées, les capitalistes français préféraient placer leur argent à l'étranger, à 4 ou 5 %. Espérons que la leçon profitera, et passons.

La production totale de fer, en Allemagne, est de 18 millions de tonnes de fonte environ, provenant pour 78 % de la minette lorraine, 20 % des importations et 2 % des autres gisements allemands. En somme, en admettant la neutralisation économique de la vallée du Rhin, la Prusse ne disposerait que d'environ 1 million de tonnes de minerai de fer par an, de provenance silésienne.

De son côté, la Belgique, comme la Suisse et la Hollande, dépend essentiellement, pour ses industries métallurgiques, de ses importations de minerai. Elle obtient chaque année, environ 7 millions de tonnes de minerai de fer, dont 1,578,000 tonnes du Luxembourg, 4,754,000 tonnes de France et le reste d'Allemagne, du Portugal, de Suède, etc. Son industrie sidérurgique consomme pour 98,58 % de minerai de fer importé et 1,42 % de minerai indigène. Mais, 50 hauts fourneaux donnent du travail à 5300 ouvriers et fournissent 2,300,000 tonnes de fonte; les aciéries belges emploient 20,000 ouvriers et produisent 2,238,000 tonnes d'acier. En outre, 11,000 ouvriers travaillent dans les industries connexes[1]. L'industrie sidérurgique de la Suisse et de la Hollande est moins importante.

En somme, la vallée du Rhin peut produire assez de minerai de fer pour suffire aux besoins d'une très grande industrie. Les Allemands ont si bien compris l'importance des ressources lorraines qu'ils ont mis sur pied un projet de canalisation de la Moselle, afin d'amener le minerai lorrain à meilleur compte, vers Essen. Cependant, les conditions de transport faites par le gouvernement prussien sont déjà extraordinaires de bon marché; le tarif ferroviaire pour les minerais, entre la Lorraine et la Ruhr, est de *un franc* par tonne, soit 10 francs par vagon sur 300 kilomètres; le retour des vagons pleins de charbon, coûte 15 francs par vagon.

Autres métaux. — Concernant le cuivre, le zinc, le plomb, le nickel, etc., les gisements de la Westphalie et de la province Rhénane sont presque aussi importants que ceux de Saxe; leur extraction représente les 40 % environ de la production totale de l'Allemagne. D'autre

[1] En Westphalie, 700,000 ouvriers travaillent dans les mines et l'industrie ; dans la province du Rhin, 1,178,000 ; Hesse-Nassau, 297,000 ; Alsace-Lorraine, 250.000.

part, la Belgique est une importante productrice de zinc.

Industrie chimique. — La vallée du Rhin et surtout les villes qui sont situées le long du fleuve, constituent un des centres les plus puissants de l'industrie chimique allemande. L'Alsace possède des gisements très importants de potasse, récemment découverts, qui sont plus considérables que ceux de Saxe. Or, ces derniers, on le sait, ont assuré à l'Allemagne le monopole de la fourniture des $^4/_5$ de la consommation universelle de potasse. Le bassin du Rhin disposera des ressources alsaciennes de ces matières premières si importantes pour l'agriculture et la fabrication des acides.

Le long du Rhin, à Mannheim, Ludwigshafen, Cologne, s'élèvent de nombreuses fabriques de soude, d'après les procédés Leblanc et Solvay. Leur production dépasse 300,000 tonnes par an, dont 56,000 sont exportées. Essen, Duisbourg, Düsseldorf, Francfort et Offenbach sont également d'importants centres manufacturiers de produits pharmaceutiques, de couleurs, d'explosifs et de fertilisants. Au total, l'industrie chimique allemande comprend près de 10,000 établissements au capital de plus de 700 millions de francs, employant 180,000 ouvriers. Sa production annuelle atteint une valeur de près de 1500 millions de francs et les dividendes répartis sur le capital représentent 14,3 % de ce dernier. Les soixante pour cent de cette industrie sont situés dans le bassin du Rhin.

Textiles et divers. — A côté des centres industriels déjà nommés, s'élèvent de nombreuses fabriques de tissus, dont les teintureries et autres manufactures de produits chimiques sont naturellement tributaires. Il suffit donc de se représenter l'importance de l'industrie chimique de la région pour se rendre compte de celle de l'industrie textile, etc. Les soieries de Crefeld, les velours d'Elberfeld et Barmen, les draps d'Aix-la-Chapelle, les lainages d'Elberfeld et Duren, les toiles de Gladbach sont assez connus. Les cotonnades de Cologne ont aussi une réputation.

Viennent encore des verreries, des poteries, des papeteries, celle de Juliers, par exemple, des tanneries et nombre de petites exploitations connexes, tant en métallurgie que dans les autres branches.

*

Une des plus frappantes démonstrations de l'importance de la vallée du Rhin est fournie par les statistiques du trafic fluvial. Concernant la navigation intérieure, l'Allemagne est divisée en plusieurs *Gebiete* ou bassins. Il y a le bassin du Rhin, celui du Weser, de l'Elbe, de l'Oder, etc. Un coup d'œil sur la carte permettra de comprendre leur disposition et on constatera la direction uniforme des voies de navigation fluviale et des canaux, vers le Nord.

Ces cours d'eau recoupent les onze grandes lignes de chemin de fer qui desservent l'Allemagne, du Rhin à la frontière orientale. Le long du Rhin, sur chaque rive, une ligne court, qui, naturellement, absorbe une bonne partie du trafic. La navigation sur le fleuve doit donc combattre la concurrence redoutable que lui font ces deux lignes. Or, d'après les statistiques officielles allemandes, le transbordement total de marchandises, entre les voies ferrées et les cours d'eau, a été, en 1913, de plus de 44 millions de tonnes. Sur ce chiffre, 32,400,000 tonnes étaient en provenance des voies navigables du bassin du Rhin, soit près des trois quarts du trafic total de toute l'Allemagne. Le mouvement du bassin de l'Elbe n'a été que de 3,846,000 tonnes.

Mais ce trafic n'est qu'une partie du mouvement; il ne concerne, comme nous l'avons dit, que les marchandises transbordées du canal à la voie ferrée et *vice-versa*. Le mouvement total du transport fluvial est beaucoup plus important. Il dépasse 70 millions de tonnes[1], pour le seul bassin du Rhin, c'est-à-dire, ce fleuve et ses affluents, exclusion faite de tout trafic par la Hollande ou la Suisse. Le mouvement fluvial de l'Elbe n'atteint pas 18 millions de tonnes, dont 12,630,000 tonnes pour le port de Hambourg !

On se rendra compte de l'immensité de ce trafic par le fait que plus de 350,000 chalands et bateaux entrent et sortent des ports du Rhin, chaque année, et que pour les seuls ports de Düsseldorf et de la Ruhr, 86,120 bateaux ont fait un mouvement de 28,830,000 tonnes. La moyenne par chaland ressort à 335 tonnes, ou 33 vagons[2]. Etant donné que le mouvement

[1] Le commerce extérieur de tout l'Empire porte sur un tonnage total de 183 millions de tonnes.

[2] La flottille du Rhin comporte plus de 20.000 chalands et 1.500 remorqueurs.

maritime du port de Londres n'atteint pas 22 millions de tonnes, celui de Liverpool, 17 millions de tonnes, celui de Marseille, 16 millions, on est forcé de reconnaître l'extraordinaire activité de la région du Rhin. Ajoutons que les 52 % du mouvement du bassin du Rhin concernent le charbon ; 25 % le fer, et 8 % les céréales.

*

Nous arrivons maintenant à la situation de la vallée du Rhin par rapport à l'économie mondiale, c'est-à-dire, au mouvement d'échanges commerciaux qui s'effectue dans l'univers. Si nous admettons la constitution d'une zone économique neutralisée, la nécessité d'assurer à cette vallée un accès à la Mer, apparaîtra immédiatement. Une région industrielle et commerciale aussi active que celle dont il est question ne saurait subsister sans un port. La nature a veillé à cet égard, car elle a doté le bassin du Rhin d'un delta qui pourrait abriter toute la flotte marchande du monde. Les bouches du Rhin, de la Meuse et de l'Escaut constituent la rade naturelle la plus vaste et la mieux abritée qui existe. Deux ports des plus importants assurent les services maritimes et sont en communication directe avec le Rhin et la Meuse par les canaux Néerlandais et le canal de la Campine. Rotterdam, le seul grand port de la Hollande, a un mouvement annuel de 13,196,000 tonnes à l'entrée et de 13 millions à la sortie; 25 % de ce mouvement représentent le trafic de transit direct pour les établissements métallurgiques de la Ruhr, car c'est par cette voie qu'arrive en Allemagne une partie de ses importations de minerais de fer de la Suède et de l'Espagne. Rotterdam, toutefois, n'est encore que le port de la Hollande, car cette dernière effectue de très grands échanges avec ses colonies de l'Océan Indien. Son importance au point de vue économique mondial et en ce qui concerne le bassin du Rhin, n'est pas encore nettement déterminée; mais cette place prendra certainement un énorme essor dès la libération de la vallée.

Anvers a un tout autre caractère. C'est un port international dans toute l'acception du mot. Il dessert l'Allemagne, la Suisse et l'Europe Centrale, de même que la Belgique et le nord de la France; c'est un centre commercial, un foyer dont le rayonnement est beaucoup plus actif que celui de Rotterdam. Dans l'esprit des Pangermanistes, Anvers complète Hambourg. Examinons sa valeur économique.

Voici les étapes du développement d'Anvers :

Entrées et sorties de navires :

En 1840 :	180.000	tonnes dans chaque	direction
1850 :	240.000	»	»
1860 :	540.000	»	»
1870 :	1.360.000	»	»
1880 :	3.063.000	»	»
1890 :	4.500.000	»	»
1900 :	6 720.000	»	»
1910 :	12.654.000	»	»
1913 :	14.146.000	»	»

Observer la rapidité de la progression durant les 25 dernières années et sa coïncidence avec l'évolution pangermaniste.

En tonnage de marchandises, le mouvement du port d'Anvers a été comme suit :

	Entrée		Sortie	
En 1860. .	744.000	tonnes	277.000	tonnes
1870. .	1.503.000	»	662.000	»
1880. .	2.695.000	»	1.084.000	»
1890. .	3.801.000	»	1.949.000	»
1900. .	6.385.000	»	3.501.000	»
1910. .	14.447.000	»	12.472.000	»
1913. .	18.636.000	»	15.009.000	»

En valeur, ce mouvement se présente ainsi qu'il suit :

	Entrée Fr.	Sortie Fr.
En 1860. . .	335 millions	288 millions
1870. . .	670 »	391 »
1880. . .	1.252 »	607 »
1890. . .	1.471 »	938 »
1900. . .	1.610 »	1.136 »
1910. . .	2.906 »	2.710 »
1913. . .	3.243 »	3.056 »

Ces chiffres démontrent assez clairement les effets de la Révolution industrielle dans tous les pays desservis par Anvers; ils indiquent aussi que ce port est devenu un marché central de matières premières. Et, en effet, c'est la plus importante foire de caoutchouc et d'ivoire (provenant du Congo); ses magasins de nitrates, de laines, de cuivre, de café, de pétrole, de diamants, sont parmi les plus considérables au monde. Le trafic d'Anvers comprend 3,749,000 tonnes de céréales, dont 1,841,000 de blés; 378,000 balles de laines; 743,000 balles de café; 6000 de tabac; 5 millions de kilos de caoutchouc, etc. C'est par Anvers que la Suisse recevait ses céréales panifiables, etc.

Maintenant, observons que le mouvement maritime du port d'Anvers s'est principalement développé grâce aux marines marchandes étrangères. Le tonnage de navires belges entrés dans ce port en 1913 a été seulement de 921,000 tonnes, contre 388,000 en 1880, tandis que celui des navires allemands passait de 275,000 tonnes, en 1880, à **4,510,000 tonnes** en 1913. Cette formidable augmentation est d'autant plus significative, qu'elle correspond aux années de l'évolution industrielle allemande; en outre, elle n'est pas proportionnée à l'accroissement du trafic des autres marines étrangères. Ainsi, le tonnage de navires français a été, en 1913, de 330,000 tonnes seulement, contre 82,000 en 1880. L'accroissement a été notoire, car son pourcentage dépasse même celui de la Belgique. Quant à l'Angleterre, son mouvement a été de 1,718 mille tonnes en 1880 et de 6,173,000 en 1913, chiffres qui correspondent à l'évolution réelle du commerce universel; les échanges de la Grande-Bretagne ont doublé depuis 1880 et sa marine s'est accrue à peu près de 300 % depuis cette date. Mais, le trafic allemand avec Anvers, qui n'était que de 9 % en 1880, est maintenant de près de 30 %; celui de l'Angleterre, qui était de près de 60 % du mouvement du port, a fléchi à 40 % environ !

★

Cet exposé du mouvement maritime d'Anvers démontre assez clairement l'importance des efforts qu'ont fait les Allemands pour s'assurer une sorte de monopole sur ce port. Déjà, le commerce des grains, des nitrates, des laines, sur cette place, était pour ainsi dire aux mains de l'Empire. La conquête d'Anvers avait donc pour les Allemands, non seulement une portée stratégique, mais encore une importance économique des plus considérables. En effet, Anvers et Hambourg se complètent, ou plutôt, ces deux ports constituent une magnifique base pour l'axe d'expansion économique se dirigeant vers le Golfe Persique. Cet axe, que d'aucuns voient de « Hambourg à Bagdad », n'a de réelle signification économique et mondiale que s'il est envisagé sous la forme du « Rhin aux Indes ». La vallée du Rhin est la base effective sur laquelle repose toute l'expansion germanique; sans elle, la Prusse et même l'Allemagne prussienne n'existeraient pas. Par conséquent, le vrai nœud du problème européen est sur le Rhin et non en Autriche ou à Constantinople. D'ailleurs, nous expliquons cela plus loin. Terminons l'exposé économique de la vallée du Rhin par sa clef de voûte, la Suisse.

★

On a vu que le bassin du Rhin comprend une population de 40 millions d'habitants, population la plus active qui soit. On a vu également que cette région dispose d'immenses réserves de houille et de fer et que le mouvement de ses voies fluviales dépasse l'idée qu'on peut se faire d'un port maritime qui serait le plus actif du monde. Mais, toutes ces ressources, ces moyens de transport et cette activité constituent, au fond, autant d'efforts éparpillés, non organisés. Il manque à ce mouvement de luttes perpétuelles une réglementation comme celle de la circulation des voitures dans les grandes artères des capitales. Cette intense activité n'est pas équilibrée ; elle est comme un boulevard où les véhicules iraient de tous les côtés, s'entrecroisant, se choquant et se bousculant. Il faut donner à cette effervescence un mouvement de flux et de reflux qui, après l'abolition des barrières douanières, faciliterait l'évolution économique de la région sous une forme organisée.

La Suisse, située à la source du Rhin, peut assurer ce mouvement de marée, en attirant par le fleuve les matières premières et les produits mi-fabriqués, pour les transformer en articles finis, en produits destinés à l'exportation. Son industrie, essentiellement une industrie de luxe, possède ce goût sûr, cette expérience pratique du « fini », qui assurent à tous les articles industriels, quels qu'ils soient, un marché dans n'importe quelle partie du monde[1]. Sur 1300 millions de francs d'exportation, la Suisse expédie pour 250 millions de soieries, autant de cotonnades et broderies ; 170 millions d'horlogerie; des fourrures et pelleteries, de la confiserie, etc., au total pour environ 750 millions de produits dits de « luxe ».

D'autre part, non seulement la Suisse possède la technique et le sentiment du « fini », mais elle dispose aussi de forces motrices qui, étant bon marché et facilement distribuables, ne peuvent que favoriser la petite, mais importante industrie du finissage et de l'article de luxe destiné à l'exportation. Je veux parler des forces hydrauliques, dont nous détenons une réserve énorme.

D'après les calculs de M. D.-Léon-W. Collet, directeur du Service des eaux du Département fédéral de l'Intérieur, 517,341 HP de forces

[1] A cet égard, retenons les efforts allemands, leurs cartels, leur technique, pour arriver à obtenir ce « fini ».

hydrauliques étaient utilisées en Suisse au 1er janvier 1914, alors que la puissance encore disponible était de 2,225,600 HP.

Veut-on des détails ? Ce tableau, dressé par M. Collet, nous les donnera d'une façon claire et précise :

Puissance nette en HP. (75 % de rendement des turbines)

(1) CANTONS	Pour le débit minimum annuel		Constante av. régularisation par bassins d'accumulation	
	Concessionn.	Disponibles.	Concessionn.	Disponibles
1. Grisons. . .	26.290	201.320	126.230	640.600
2. Valais . . .	55.755	160.490	101.255	347.280
3. Berne . . .	2.065	55.215	2.945	220.820
4. Argovie. . .	17.280	128.145	21.000	219.800
5. Tessin . . .	48.360	103.215	81.720	181.040
6. Uri	22.960	38.770	49.200	85.380
7. Zurich . . .	11.615	40.760	16.935	70.160
8. St-Gall . . .	—	17.540	—	63.635
9. Fribourg . .	—	4.460	—	54.080
10. Schwyz. . .	990	7.055	2.060	51.850
11. Glaris . . .	—	18.660	—	49.305
12. Schaffhouse .	4.905	21.480	7.145	37.975
13. Vaud . . .	800	8.835	5.400	34.245
14. Soleure. . .	13.420	13.500	24.320	32.345
15. Lucerne . .	—	10.440	—	23.140
16. Genève . . .	18.240	20.200	18.240	20.200
17. Obwald. . .	—	4.365	—	18.485
18. Thurgovie . .	110	2.820	440	17.540
19. Nidwald . .	—	940	—	16.990
20. Bâle-Ville . .	20	12.700	20	15.060
21. Bâle-Campagne	—	7.775	—	9.575
22. Zoug . . .	—	3.045	—	5.685
23. Appenzell R. Ext.	—	440	—	4.305
24. Appenzell R. Int.	—	520	—	3.295
25. Neuchâtel . .	—	1.370	—	2.810
Total HP	222.810	884.060	456.910	2.225.600

1 Extrait de *La Suisse* de Genève, 5 octobre 1916.

Cette réserve de forces motrices représente une valeur de 6 milliards de francs de salaires annuels !

★

De cette manière, notre bassin du Rhin est complet; il ne dispose pas, il est vrai, de ressources agricoles suffisantes pour assurer l'alimentation de sa population, mais, entouré d'une barrière de tarifs qui faciliterait l'éclosion d'industries nouvelles, disposant de deux ports et de puissants moyens de transport intérieurs, il deviendrait le boulevard industriel du Continent Européen, la clef de voûte de la paix universelle.

CHAPITRE III

Les Problèmes de la Guerre.

> « La carte d'Europe doit être refondue. C'est dans cette pensée que se trouve la clef du conflit actuel, son point de départ initial. Mais pour agir, l'instrument doit être préparé et avant de construire, il faut avoir acquis son terrain. L'idée sociale ne saurait être réalisée dans une forme quelconque sans la réorganisation complète de l'Europe; avant que les peuples ne soient libres d'interroger leur conscience, d'exprimer leurs pensées et leurs aspirations et d'en assurer l'accomplissement par une alliance qui remplacerait la ligue d'absolutisme actuellement suprême. »
>
> MAZZINI
> *(sur l'émancipation italienne)*
> *(L'Europe)* 1852.

Nous avons essayé d'évoquer, dans le précédent chapitre, la vallée du Rhin constituée en une unité économique de 40 millions d'habitants, c'est-à-dire, en une région très active, disposant d'un magnifique réseau de voies ferrées et de navigation fluviale, de deux ports excellents et produisant 150 millions de tonnes de charbon, 48 millions de tonnes de minerai de fer, en outre, d'une réserve de forces motrices naturelles de près de 3 millions de chevaux, etc. En somme, ce serait un boulevard industriel et un centre de rayonnement commercial des plus importants.

Quelle serait sa relation à l'économie universelle ? En admettant que la part de la région rhénane dans le commerce allemand soit de 45 %, cette seule vallée aurait un commerce extérieur de **37 milliards de francs.** On jugera de son importance en comparant ce chiffre aux 30 milliards annuels du commerce britannique, aux 26 milliards du commerce allemand, etc.

Ceci dit, voyons maintenant sa relation à la politique universelle. A cet égard, je dois me défendre d'être expert, car il m'est difficile de juger des questions de ce genre au simple point de vue politique. Je ne puis m'empêcher de rechercher le côté économique des problèmes à envisager et, par suite, de tirer la quintessence matérielle des sujets examinés. C'est pourquoi, en lisant : *Le Plan Pangermaniste démasqué*, de M. Chéradame, et le *War and*

Democracy[1] qui a eu une telle vogue en Angleterre, je suis arrivé à cette étrange conclusion, que les auteurs de ces livres avaient parfaitement exposé les problèmes de la guerre, mais qu'ils n'étaient d'accord que sur un point : ils ne savaient, ni les uns ni les autres, ce qu'on devrait faire des Allemands d'Autriche ! Or, cette question est capitale, car l'entrée des Autrichiens de race germanique, dans l'Union allemande, ce serait l'unité réalisée des peuples teutoniques ; ce serait l'Europe Centrale plus ou moins bien constituée, plus ou moins éclopée ; enfin, ce serait la formation d'un nouveau centre allemand, d'une plus puissante hégémonie prussienne. Et, d'autre part, Friedrich Naumann, dans son ouvrage *Mitteleuropa*[2], paraît envisager le problème sous le même angle !

Ainsi, il ressort clairement, à mon point de vue, que la solution des problèmes européens basée sur le démembrement de l'Autriche pèche précisément par la base, puisque le partage de la Monarchie dualiste ne pourrait s'effectuer qu'en faveur de l'Unité allemande, d'après les auteurs réputés dont il est question. Et le respect

[1] 6me édition, chez Macmillan, à Londres ; écrit en collaboration par plusieurs professeurs anglais.

[2] Une traduction française de cet ouvrage doit paraître incessamment.

du principe des nationalités donnerait ainsi fatalement naissance à l'union complète de la race germanique, union qui constituerait un danger pour la Paix universelle, car elle établirait l'hégémonie prussienne sur des assises encore plus solides qu'avant la guerre !

D'autre part, M. Chéradame parle du Pangermanisme comme si toute l'Allemagne en était imbue. Or, Naumann, dans *Mitteleuropa*, déclare nettement que le pangermanisme est tout aussi chauvin que les *jingœs* anglais, les panslavistes russes ou les irrédentistes d'Italie et il les tourne tous en ridicule. Naumann tient de l'élément bourgeois, sage, prudent et modeste, d'autant plus dangereux que ses prétentions ne sont pas élevées. Cet élément réalisera l'unité allemande plus sûrement que les pangermanistes. Ainsi, les auteurs Français, Anglais et Allemand semblent d'accord sur une solution de « partie nulle », puisque chacun ne voit d'autre alternative que l'incorporation des Allemands d'Autriche dans l'unité germanique. C'est un grand défaut du principe des nationalités. Mais passons.

Résumons les problèmes de la guerre et exposons les objections économiques qu'ils soulèvent. D'après les auteurs Anglais et Français, nous devons envisager la création d'un Etat polonais, englobant la Pologne russe, la Galicie (que les Allemands d'Autriche laisseront partir sans regrets) et le duché de Posen. Reste à savoir ce que deviendrait la très active économie polonaise en présence de barrières de tarifs, surtout vers la Russie, et ce n'est pas le côté le moins épineux de la question.

L'Allemagne céderait au Danemark les quelques parcelles danoises du Schleswig, mais la question se poserait alors de l'« Internationalisation » du canal de Kiel, point économique capital pour la Russie.

Puis, il y a le problème Alsacien-Lorrain; au point de vue politique, il est simple, mais en ce qui concerne les intérêts matériels, il est plus compliqué qu'on ne pense. Toutefois, comme il se rattache à la question de la vallée du Rhin, nous en reparlerons tout à l'heure.

Prenons, ensuite, ce que l'on appelle le « nœud du problème universel », c'est-à-dire l'Autriche-Hongrie. Le Dr Seton Watson, de l'Université d'Oxford, n'y va pas par quatre chemins; il autopsie radicalement la Monarchie dualiste, sous réserve d'une défaite complète. Et il est une des autorités universellement réputées sur la question autrichienne! Une des solutions qu'il recommande est la constitution d'un nouvel Etat de « Jougoslavie », qui comprendrait la Bosnie, l'Herzégovine, la Dalmatie, la Serbie, le Montenegro, la Croatie, la Slavonie, mais afin de laisser un port à l'Autriche, il écarte nécessairement les Slovènes de la solution, car Trieste est essentiellement un débouché autrichien sur la mer. (Les Slovènes occupent les environs de Trieste, la Carniole, etc., mais n'ont aucune importance dans Trieste même.) Cette idée de l'unité serbo-croate est très juste, politiquement; elle doit se réaliser d'une manière ou d'une autre, sous l'égide de la Serbie ou sous celle des Habsbourg. Mais n'est-il pas étrange de constater qu'elle est pour ainsi dire accomplie, précisément sous la Monarchie dualiste et sous les Bulgares, autre race sud-slave? La réalisation de cette unité était, dit-on, un des projets de l'Archiduc François-Ferdinand, assassiné à Sarajewo. Toutefois, au point de vue économique, l'unité des Jougo-Slaves telle qu'elle existe maintenant, c'est-à-dire réunissant tous les Slaves du Sud, Bulgares compris, serait la *meilleure solution du problème que pourrait envisager la maison de Habsbourg,* à la condition que le régime douanier de la Jougoslavie favorisât l'Autriche-Hongrie; et à cet égard, il ne serait pas nécessaire que ce nouvel Etat fût, politiquement, une partie intégrante de la Monarchie danubienne ! Ce serait pour elle une sorte de chasse réservée, car toutes les voies ferrées de la région se dirigent vers Budapest ou Vienne. Et la ligne Odessa-Bucarest-Kladovo-Sarajewo-Spalato est loin d'être achevée. La Jougoslavie serait donc tributaire de l'Europe Centrale, car elle ne posséderait pas de grand port.

Le démembrement de l'Autriche-Hongrie prévoit aussi la satisfaction des aspirations irrédentistes de l'Italie; accordons le Trentin à cette dernière; quant à Trieste, que pourrait-elle en faire ? Compris dans le régime douanier italien, ce port serait ruiné de fond en comble, d'un seul coup. Mais, constitué en port franc, sous le pavillon italien, il desservirait encore l'Autriche et la Bavière. Subsisterait la question de Pola et de l'Adriatique, ainsi que celle des rapports économiques entre l'Italie, la Grèce et la Jougoslavie. A ce sujet, l'Italie a tout intérêt à *ménager* le nouveau voisin occupant la côte orientale de l'Adriatique.

La Roumanie, ayant conquis la Transylvanie, rejetterait les Magyars dans leurs plaines, où, indubitablement, s'établirait une oligarchie hongroise, absolument indépendante. Le problème

Tchèque et Slovaque ne présente pas de difficultés politiques, sauf en ce qui concerne le régime des populations allemandes disséminées en Bohême. Il serait même vivement à souhaiter que les Slaves les plus civilisés obtiennent leur indépendance et reconstituent l'ancien et célèbre royaume de Bohême. Les Tchèques l'ont bien mérité, tant par la vigueur de leur nationalisme que par les progrès intellectuels et matériels qu'ils ont réalisés depuis deux générations. Mais il ne faut pas oublier qu'au point de vue économique, la question des communications et celle des douanes subsisteraient tout entières, tant pour la Bohême reconstituée que pour la nouvelle Hongrie, car ces deux royaumes seraient enclavés à l'intérieur des terres du Continent, en pleine Europe Centrale !

Il est facile de constituer des Etats nouveaux au moyen de traits de crayon sur une carte; le point essentiel est de leur donner les moyens de vivre par leur agriculture ou par leur industrie [1]. Or, la Bohême et la Hongrie ne pourraient exister sans attaches économiques, soit avec les Allemands au nord, avec les Russes à l'est, les Jougo-Slaves au sud ou les Autri-

[1] L'Albanie est un de ces États qui ne peuvent pas vivre ; elle n'a aucune force économique.

chiens allemands à l'ouest. Elles ne constitueraient pas des Etats entourés par les plus grands marchés internationaux, comme, par exemple, la Suisse; la Bohême serait même moins bien partagée que la Hongrie, car cette dernière, devenue un Etat danubien, par excellence, aurait toujours une voie de communication vers le marché d'Odessa, tandis que Tchèques et Slovaques ne formeraient que le prolongement de la Pologne, par le couloir galicien et ruthène. Quoiqu'elle fasse, la Bohême devra combattre deux barrières de tarifs avant d'être en rapports avec l'économie mondiale. Par contre, la Hongrie ne subirait aucune entrave de ce genre, grâce à l'internationalisation du Danube.

Reste la question des Autrichiens de race germanique. Les solutions précitées des problèmes de la guerre envisagent leur rattachement à l'Allemagne, sous la forme d'une nouvelle unité confédérée. Et le Dr Seton Watson (*War and Democracy*, 6me édition), tout en se demandant comment cette incorporation dans l'Empire Allemand serait accueillie par les Allemands et par les Autrichiens, ne trouve aucune alternative à cette solution qui, dit-il, « rendrait la défaite moins pénible à digérer pour le patriote allemand ». Mais, par cette hypothèse, l'unité allemande serait assurée au moyen de l'incorporation à l'Empire de neuf millions d'Autrichiens allemands, compensant les six millions de Danois, d'Alsaciens-Lorrains et de Polonais arrachés à la Prusse par la Victoire des Alliés ! Ce serait là une bien belle compensation pour l'orgueil germanique blessé : Trieste incorporée dans le Zollverein germanique !

Or, l'unité économique allemande, réalisée par l'adjonction des Autrichiens à l'Empire prussien, est à la base de l'Europe Centrale. Naumann, dans son *Mitteleuropa,* considère la chose comme admise et s'efforce uniquement de convaincre la Hongrie à se joindre au mouvement. Mais la question de l'Europe Centrale fera l'objet d'un second volume, suite du présent...

En somme, la plupart des problèmes de la guerre, s'ils comportent une solution politique, soulèvent, par contre, de puissantes objections d'ordre économique, qui militent contre la délimitation des frontières d'après le principe des nationalités. C'est comme la question de Constantinople; les Détroits ne peuvent demeurer sous l'hégémonie turque; d'autre part, les Roumains n'auraient pas la puissance nécessaire pour s'y maintenir; les Grecs ont, peut-être, des droits sur cette cité, mais leur caractère commercial susciterait des complications incessantes; quant aux Jougo-Slaves, ou aux Bulgares, leur présence à Constantinople serait impossible, car ils n'ont aucun intérêt à faire valoir pour revendiquer l'administration de cette partie de l'Europe, sauf dans l'ordre religieux. Et à cet égard, la Russie pourrait exercer une sorte de préemption, pour motifs orthodoxes.

La Russie administrant Constantinople, sous la condition du démantèlement des fortifications des détroits, ce serait encore une solution passable; meilleure, certes, que l'institution d'une commission internationale. Mais, au point de vue économique, on ne saurait envisager cette Cité comme faisant partie du régime douanier russe; pourrait-elle même élever la moindre barrière de tarifs? Son *hinterland*, la région qu'elle dessert, ne saurait y consentir. Il ne faut pas oublier que la Turquie d'Europe n'est plus ce qu'elle était encore il y a quatre ans. Elle a beaucoup diminué et la Péninsule balkanique a acquis une nouvelle configuration politique. Il faudrait donc que Constantinople fût un port franc, ce qui implique nécessairement la création d'une Ville Libre, indépendante et neutre, dont l'intégrité serait garantie, d'après les termes de l'inviolabilité de la Suisse, « dans les intérêts politiques les plus élevés de l'Europe ». (Il sera question de Constantinople dans le second volume.)

Cette revue des problèmes de la guerre, de leurs solutions proposées et des objections économiques qu'elles comportent, a laissé en suspens un point des plus importants, qui constitue le nœud central de toutes les questions politiques. Quel sera l'avenir des Autrichiens allemands? Ils ne peuvent exister de par leurs seules forces, sans Trieste, et en admettant que ce port leur reste, ils seraient alors à la merci des aspirations unitaires de l'Allemagne. C'est pourquoi le principe des nationalités les rattache d'avance à l'hégémonie prussienne.

Mais ce principe est-il bien appliqué dans ce cas? Est-il bien sûr que les Allemands d'Autriche, de Bavière ou du Rhin, par exemple, aient une communauté d'origine, de langues et de coutumes avec les Prussiens et qu'ils aient, surtout, conscience de cette communauté? Il existe plusieurs autres nationalités de race teutonique : les Anglo-Saxons, les Scandinaves, les

Hollandais, les Flamands ! Les rattacherait-on d'avance à l'Unité allemande ?

Nous nous proposons d'examiner par la méthode économique, l'exactitude du principe des nationalités ; nous allons voir comment certaines nationalités pourraient assurer leur existence, en dehors de l'Unité allemande. Nous allons rechercher les liens qui pourraient coordonner des nations entre elles, convertir des nationalités en nations et, par ce moyen, justifier le principe lui-même. Mais on verra que nous en arriverons logiquement à évoquer un Etat nouveau qui sera, chose singulière, la « clef de tout le problème européen ». Cet Etat, qui plus est, existe de « droit ». Il est formé par des limites naturelles ; les traités reconnaissent son existence, mais il est écrasé par la Force. Relevons cet Etat, recréons-le sur des bases modernes et la Paix universelle sera assurée. Cet Etat est l'ancienne Confédération du Rhin, le pilier angulaire de l'Unité allemande. Et son indépendance détruirait l'hégémonie de l'Europe Centrale.

Mais, voyons d'abord ce qu'il faut penser du principe des nationalités par rapport à l'évolution économique, puisque c'est la méthode que nous suivons.

CHAPITRE IV

Le Principe de Nationalité et l'Evolution Economique.

Nationalité ne signifie pas la même chose que Nation. La Suisse est une nation composée de trois nationalités. Nationalité ne signifie pas non plus la même chose qu'Etat; il existe vingt-deux Etats dans la Nation suisse. D'autre part, si Nationalité voulait dire la même chose qu'Etat, les nègres d'Afrique Occidentale pourraient se considérer comme étant de la même nationalité que les Français... et *vice-versa* ! Le mot « race » est plus approchant; cependant la race slave comprend nombre de nationalités, pour ne citer que les Russes, les Polonais, les Serbes, les Bulgares, les Croates, les Tchèques, etc.

La nationalité se détermine par la communauté d'origine, de langue et de coutume et par la *conscience*[1] de cette communauté que possèdent les nationaux, individuellement. La Nation, c'est une nationalité *plus* l'Etat; c'est une nationalité autonome. Cela n'empêche pas plusieurs nationalités de former une nation ou un Etat; cette union est parfaitement possible, mais elle ne saurait être réelle, ni constituer une Nation autonome et ne pourrait être un Etat, sans le *consentement*. Le Droit et la Liberté, même la simple humanité, exigent que toute nationalité consciente ne s'unisse à une autre pour former une nation, qu'à la condition préalable du *consentement*. Et, il importe que cette nation possède des institutions nationales et soit gouvernée par un Etat qui représente réellement son essence. Il n'est pas nécessaire que la nationalité ait des limites d'Etat; par exemple, douze millions d'Allemands sont sujets austro-hongrois, mais, pour qu'une nationalité ne se considère pas comme opprimée, la question d'insti-

[1] La Belgique est un bel exemple de conscience nationale !

tutions représentatives doit primer toute autre condition.

D'autre part, le sens d'une existence nationale est nettement *sentimental*. Le Dr Dover Wilson, de l'Université de Cambridge, l'exprime comme suit : « La nationalité qui habite un pays considère-t-elle le gouvernement sous lequel elle existe comme étant la véritable expression de son génie particulier et de sa volonté ? L'Etat dont elle fait partie existe-t-il par le consentement de cette nationalité ou lui a-t-il été imposé par une autorité ou nation étrangère ? Constitue-t-elle une unité territoriale ou est-elle répartie en plusieurs sections par des frontières artificielles ? » Le lecteur peut répondre de soi-même à ces questions. Je n'ajouterai qu'un mot : tout individu qui n'a pas le sentiment que sa réponse serait conforme à celle de la majorité, est un opprimé.

Et encore, voyons ce que disait un opprimé, Mazzini[1] :

« Ils ont lutté, ils luttent encore pour la patrie et la liberté, pour un mot inscrit sur une bannière, proclamant au monde qu'eux aussi, vivent, aiment, pensent et travaillent pour le plus grand bien de tous. Ils parlent la même

[1] *L'Europe*, Mazzini, 1852.

langue; ils ont l'empreinte de consanguinité; ils s'agenouillent devant les mêmes tombes; ils tirent gloire des mêmes traditions. Ils veulent le droit de s'associer librement, sans entraves, sans domination étrangère, afin d'élaborer et d'exprimer leur idéal et d'apporter leur pierre à la grande pyramide de l'Histoire. Ils veulent quelque chose de spirituel et cette chose morale est, cependant, au point de vue politique, la plus importante question de l'état actuel. C'est l'organisation de la tâche Européenne ! En principe, la nationalité devrait être à l'humanité ce que la division du travail est dans un atelier : le symbole reconnu de l'association; l'assertion formelle de l'individualité d'un groupe humain appelé, par sa position géographique, ses traditions et son langage, à remplir une fonction spéciale dans la tâche européenne de civilisation. »

De quels termes plus beaux pourrait-on revêtir l'idée de nationalité, l'âme des nations ? Mazzini écrivait cela en 1852 et depuis son époque, sous l'égide de la Liberté et de la Démocratie, il s'est constitué une Grande Société Economique, qui n'a pas d'autres limites que celles du Globe. L'économie politique avait réussi à créer la Société Mondiale avant que les politiciens aient su élaborer l'Etat Universel.

★

Toutefois, la guerre nous a montré combien étaient fragiles les principes de Norman Angell et de Maurice de Block; l'*idée nationale* est encore toute puissante, dans les pensées comme sur les champs de bataille. Il s'agit maintenant de recoudre ce qui a été taillé.

Au fond, la question économique influence beaucoup plus les esprits qu'on ne le soupçonne. Prenons, par exemple, le cas de l'Alsace-Lorraine. Il est certain qu'avant la guerre, un plébiscite de la population de ces provinces aurait voté en faveur de leur réunion à la France; toutefois, les représentants politiques les plus autorisés de ce peuple discutaient sérieusement la possibilité d'une mesure d'autonomie, parce que l'*Alsace-Lorraine s'était créée de puissants liens économiques avec l'Allemagne.* Et, encore, les Polonais, sujets Russes. Le développement industriel de Varsovie et de Lodz les a ralliés pour ainsi dire à l'espoir d'une autonomie sous l'égide de la Russie; ils veulent leur unité, il est vrai, mais ils n'accepteraient volontiers d'être constitués en Etat qu'à la condition d'être toujours membres de l'Empire russe, c'est-à-dire *de continuer leurs rapports d'affaires avec leurs véritables marchés.*

L'idée de nationalité s'accommode donc très bien des conditions économiques. Ainsi, les Etats-Unis d'Amérique ne sont qu'une agglomération de toutes les nationalités d'Europe, heureusement fondues en un bloc, grâce, sans doute, aux principes démocratiques de ce pays, mais aussi, grâce à l'*Allmighty Dollar* (le dollar tout-puissant). Les Juifs ont conservé leurs caractéristiques à travers les siècles, non précisément en vertu de leurs sentiments religieux, mais plutôt en raison de leurs aptitudes commerciales et financières. Ils se disputent fréquemment entre eux pour des questions de néo-judaisme ou de sionisme; mais il est rare qu'ils ne s'entendent pas sur toutes questions d'affaires. La Suisse comprend trois nationalités; la Belgique en a deux; les intérêts économiques de chacune de ces nations tiennent au cœur de tous leurs habitants, sans distinction de langue.

Enfin, citons le cas de l'Empire Britannique; la Grande-Bretagne comprend quatre nationalités, dans ses Iles d'Europe, et toutes les races humaines peuplent ses colonies. *C'est pourtant la principale puissance économique du monde !*

Par conséquent, le principe ou l'idée de nationalité n'est en aucune manière une entrave à l'évolution économique. D'autre part, l'unité de race dans les limites d'un même Etat n'est pas essentielle au développement commercial et industriel d'une nation (exemple : l'Empire Allemand). En sorte qu'on peut affirmer qu'une unité économique, c'est-à-dire une région géographiquement délimitée, qui serait habitée par plusieurs nationalités, même par plusieurs nations, pourrait vivre et se développer sans difficultés, grâce à la communauté d'intérêts.

En effet, si plusieurs nationalités peuvent constituer une nation, de par leur consentement, raison de plus pour qu'elles forment une unité économique, si leurs intérêts concordent. Un exemple de cette unité économique est fourni par le régime des zones franches qui entourent Genève. Le Congrès de Vienne avait garanti la neutralité politique des parties de la Savoie désignées par l'acte du 29 mars 1815 et par le traité de Paris (le Chablais et le Faucigny) et cette neutralité était reconnue de la même manière que celle de la Suisse. Or, en 1881, la France accordait à ces régions des exemptions de tarifs douaniers qui en ont fait, pour ainsi dire, une partie intégrante de la Suisse, au point de vue économique. Nous développons cette question plus loin, au sujet de la zone Rhénane.

★

En somme, le principe de nationalité ne constitue pas une entrave au développement économique. L'Unité allemande n'a pas été une condition préalable au Zollverein de l'Allemagne; au contraire, les questions économiques ont préparé les voies vers l'Empire actuel. Et il en découle nécessairement qu'une nationalité peut vivre sous deux régimes économiques distincts : la preuve de l'exactitude de cette assertion est dans le fait que les Autrichiens de race allemande vivent sous un gouvernement et un régime économique absolument différents de ceux de l'Allemagne.

Et, tout naturellement, la question se pose de savoir si *les populations allemandes du bassin du Rhin ne pourraient vivre sous un régime économique distinct de celui de l'Empire Allemand.* Comme ce sujet nous intéresse et que nous avons déjà exposé la valeur économique du bassin du Rhin, voyons ce qu'il faut penser de la population allemande de cette région.

CHAPITRE V

Les Deux Allemagnes.

> « Les Allemands sont intensément soumis. Ils se servent de raisonnements philosophiques pour expliquer la chose la moins philosophique du monde, le respect de la force et la crainte qui transforme ce respect en admiration. »
>
> Madame de STAEL (1810).

M. David Lloyd George disait, il y a six mois, dans une interview, qu'il existait deux Allemagnes : celle du militarisme et celle qui est admirée dans le monde entier. On a discuté à perte de vue au sujet de cette assertion et l'auteur de l'« Orgueil Allemand », M. Maurice Muret, s'est même élevé avec force contre cette opinion.

Au fond, l'Unité allemande, ainsi que nous

l'enseigne l'Histoire, ne s'est pas accomplie sans difficultés; elle ne s'est pas faite « par des discours ou des résolutions majoritaires, mais par le sang et le fer », comme disait Bismarck. Et ce, parce qu'il a toujours existé *deux Allemagnes*, absolument différentes de caractère et d'idées, dont l'histoire et la civilisation sont essentiellement distinctes. Il y a la Prusse, ou l'Allemagne du Nord-Est, et l'Allemagne du Sud-Ouest, ou la vraie Allemagne. Ce n'est que depuis 1870 que ces deux nations se sont fusionnées, mais pas au point qu'il n'existe encore entre les deux de profondes différences. C'est un fait.

Le professeur A. Zimmern, de l'Université d'Oxford, parlant de la vraie Allemagne[1], nous dit : « Cette Allemagne, celle du bassin du Rhin, de Francfort, Heidelberg, Cologne et Nuremberg, est l'Allemagne que nous connaissons et que nous admirons. Elle fait partie intégrante de la civilisation occidentale et nous est étroitement alliée. Elle a grandi et s'est développée aux côtés de la France et des Pays-Bas; elle s'est inspirée des idées anglaises et a pris part à tous les grands mouvements intellectuels et sociaux de l'Occident. Elle a accompagné ces

[1] *War and Democracy*, 6me édition.

pays à travers le Moyen Age, la Renaissance, la Réforme et la longue lutte contre la domination Française. Ses cités fameuses, avec leurs cathédrales et leurs Hôtels-de-Ville, respirent le même esprit libre et fier que leurs grandes voisines des Pays-Bas, Gand, Anvers, Louvain, Bruges, Ypres, etc. Ses étudiants et ses professeurs, ses poètes, ses peintres et ses musiciens, de Luther à Gœthe, ont apporté à la vie civilisée de l'Occident une contribution spécialement allemande, aussi grande et merveilleuse que celle de la Renaissance italienne ou que celle de l'Angleterre d'Elisabeth. » « Son peuple ressemble beaucoup à ceux qui lui sont voisins; comme eux, il est industrieux et persévérant, bon travailleur et bon citoyen, heureux de vivre en paix. »

C'est ce peuple qui accueillait les armées de la République Française à bras ouverts, tandis que la Prusse, au loin, dans les brumes du Nord, enseignait à Fichte, le philosophe, les éléments du patriotisme.

A côté de cette image de la vraie Allemagne, que dit Thomas Carlyle, auteur anglais bien connu, au sujet de la Prusse. Dans son œuvre magistrale, « Frédéric-le-Grand », il la voit comme une masse chaotique de Chevaliers Teutons combattant les Bo-russiens, avec des chevauchées épiques, des révoltes, des surprises, des combats furieux dans les bois et les marais, des incendies, des crimes; et des moines prêchant et convertissant. Etrange atmosphère de croisade, que l'on peut se représenter de nos jours, au moyen des exploits des Uhlans et de la « Kultur », de la violence et de la dévastation, du martyre des régions envahies de la France, de la Belgique, de la Pologne et de la Serbie, et des sermons de Guillaume II.

N'oublions pas que la Prusse n'existait pas encore au XVe siècle; elle n'était alors que l'apanage de l'Ordre Teutonique. La Prusse ne devint un Etat distinct qu'en 1647, alors que la vraie Allemagne, celle du Rhin, peut faire remonter les origines de sa civilisation à l'époque gallo-romaine. La Prusse n'a jamais eu de poètes, mais elle a eu Kant et Frédéric-le-Grand, auteur de l'Anti-Machiavel. *Et, son peuple devait exécuter les ordres de la noblesse* ! (Relire à ce sujet, les *Lehrjahre*, de Gœthe.) Or, cette noblesse, est celle des *junkers*, la caste militaire de la Prusse !

★

Maintenant, observons que les provinces rhénanes, la Westphalie, le Hesse-Nassau et la province dite « Rheinland » (Pays du Rhin), n'appartenaient pas à la Prusse, même au XVIIIe siècle. La province du Rhin était devenue Française par le traité de Campo Formio, 1797, et forma, jusqu'à l'avènement de Napoléon, les départements de la Saare, du Rhin-et-Moselle et de la Rœr. Comprise ensuite dans l'Empire, cette province, la plus considérable de la Prusse actuelle, fit partie du Grand Duché de Berg, puis du Royaume de Westphalie. Le Congrès de Vienne donna ce territoire à la Prusse pour la dédommager de son concours militaire. Ce Congrès attribuait les peuples à des maîtres nouveaux, comme une crèmière vendrait du beurre : au poids. Mais les nations ne sont pas des mottes de beurre que l'on peut débiter; ce sont des forces vives.

La Westphalie faisait partie de l'Empire d'Allemagne; le traité de Lunéville (1801) l'attribua à la France, et la Prusse l'occupa après la bataille de Leipzig, en 1814. Le Congrès de

Vienne la répartit ensuite entre la Prusse, le Hanovre et le duché de Brunswick. Ces derniers furent absorbés par la Prusse, en 1866, en même temps que la province de Hesse-Nassau, qui était indépendante, jusqu'alors.

Au fond, c'est à l'incapacité de Talleyrand que la France doit de ne pas avoir reçu la rive gauche du Rhin, lors du Congrès de Vienne. S'il avait appuyé le Tsar Alexandre, il est très probable que Lord Castlereagh n'eût pas insisté sur l'attribution de ces provinces à la Prusse. Mais on sait que Castlereagh aimait à brouiller les cartes, afin de susciter des difficultés dans l'avenir, car il craignait par-dessus tout, la Sainte Alliance d'Alexandre, et la France.

★

Ce petit exposé historique démontre que les territoires rhénans n'ont été acquis par la Prusse qu'à une date plutôt récente et que leurs peuples ne sont pas essentiellement Prussiens. Ils le firent, d'ailleurs, bien voir en 1848, car le mouvement révolutionnaire de l'Allemagne est parti de la région du Rhin. D'autre part, l'acquisition de l'Alsace-Lorraine, en 1870, n'avait pas précisément pour but de punir la France, mais bien d'assurer l'Unité de l'Empire de Guillaume et de retenir les Allemands du Sud sous l'hégémonie prussienne, par la crainte que Bismarck leur avait inspirée des armées Françaises[1]. Au point de vue politique, l'Alsace-Lorraine est donc la clef de voûte de l'Empire Allemand, et ce *dernier ne retient les Etats Confédérés du Sud que par l'appréhension qu'ils éprouvent de la présence de la France sur la rive gauche du Rhin.*

Or, la restitution de l'Alsace-Lorraine à la France remettrait en question l'équilibre de l'Empire, et en admettant la création d'une nouvelle Confédération du Rhin, neutralisée sous la garantie des Puissances, il est évident que tout le problème changerait d'aspect. Mais voyons, à cet égard, le caractère politique du peuple rhénan.

« Mais, ce peuple », dit le professeur Zimmern, « a développé au cours de son existence sociale et politique, certaines caractéristiques qui le distinguent de ses voisins de l'Ouest. Il a été privé jusqu'à une date récente des droits de bourgeoisie et il est demeuré timide, docile,

[1] Voir les *Pensées et Souvenirs* de Bismarck.

rêveur et peu au courant de l'activité politique. » Par suite, le principe fondamental de Scharnhorst, énoncé en 1807 : « Tous les habitants de l'Etat sont, de naissance, ses défenseurs », devait trouver un excellent bouillon de culture dans ce peuple que le Congrès de Vienne avait attribué à la Prusse, sans rime ni raison, en vue d'assurer l'« Equilibre de Puissance ». Et, d'autre part, comme la Prusse a été la première des nations à instituer l'instruction publique et le service militaire obligatoire, il n'est pas étonnant de voir figurer les citoyens de la vraie Allemagne dans les rangs des armées prussiennes.

Au fond, le peuple Rhénan *n'a pas encore conscience de sa nationalité;* il n'a réellement de rapports avec la Prusse qu'au point de vue économique; il ne parle pas tout à fait la même langue que le Prussien, et les religions aussi sont différentes. Son degré de civilisation n'est pas le même qu'en Prusse et, d'autre part, il n'apparaît pas que les institutions nationales allemandes, que le gouvernement de l'Empire représentent véritablement le génie particulier de cette nationalité. Enfin, industrialisée à l'extrême, cette région possède une forte population aux idées socialistes. Dans ces faits réside notre espoir de la régénération de la Vraie Allemagne.

★

Appliquons maintenant à ce peuple les principes qui déterminent la nationalité et la nation.

Existe-t-il entre la Prusse et l'Allemagne du Sud une communauté d'origine ? L'Histoire répond : NON.

Une communauté de langue et de coutumes ? Non, puisque l'Allemagne du Sud parle le haut allemand et qu'elle est en majorité catholique, alors que celle du Nord-Est parle le bas allemand et que sa religion est protestante.

Ce peuple a-t-il conscience de cette communauté ? Il a conscience des différences précitées; par exemple, le Bavarois déteste le Prussien et s'il subit sa loi, qu'il trouve bonne, c'est parce qu'il ne possède pas d'expérience politique.

Voyons, maintenant, les épreuves de l'existence nationale.

Cette nationalité allemande considère-t-elle le gouvernement sous lequel elle existe comme étant la véritable expression de son génie particulier et de sa volonté ? Il est évident que non, puisque ce gouvernement est la Prusse.

L'Etat dont elle fait partie existe-t-il par le consentement de cette nationalité ? Les actes du Congrès de Vienne répondent clairement à cet égard, ainsi que les œuvres de Bismarck; la réponse est indubitablement négative.

Lui a-t-il été imposé par une autorité étrangère ? Oui, par la Prusse.

Constitue-t-elle une unité territoriale ? Oui, voir le chapitre premier.

Est-elle répartie en plusieurs sections par des frontières artificielles ? Non, le bassin du Rhin constitue ses limites naturelles.

CHAPITRE VI

Neutralité !

Je dois m'excuser auprès du lecteur de procéder ainsi pas à pas au cours de la démonstration que je désire faire. On comprendra la nécessité de cette méthode par le simple fait que la question de la « neutralisation du Rhin », en tant que territoire, est une idée nouvelle. Que je sache, elle n'a pas encore été traitée à fond sur une base économique et politique. Les références font donc défaut et lorsqu'il s'agit d'évoquer un Etat nouveau, comme le comporte la question du Rhin, il est utile de le représenter sous ses aspects géographique, économique et politique. La conception est peut-être audacieuse, mais on dit de toutes parts qu'elle mérite réflexion. Il est donc nécessaire de l'envisager soigneusement.

La construction d'un Etat nouveau n'est pas facile, car le premier principe à observer est de lui assurer une existence. Il faut surtout, en ce qui le concerne, préparer l'avenir au moyen des voies du passé. Lorsque ce passé n'est qu'une tradition ou une légende, on doit nécessairement étudier le caractère politique du peuple qui doit vivre dans cet Etat.

Nous en avons exposé le côté économique et on a pu constater qu'à ce point de vue, la région du Rhin serait une unité importante, assurée de vivre. Et je crois avoir prouvé qu'en vertu du principe des nationalités, le peuple de l'Allemagne rhénane constituait une nationalité différente de la Prusse. Puis, nous avons vu qu'il n'était pas versé en matière politique; qu'il était plutôt malléable, à cet égard. Enfin, le fait même qu'il existe une puissante industrie dans la région, est un facteur politique de la plus haute importance. Il indique, *a priori*, la présence d'un groupement syndicaliste, sinon socialiste. Je discuterai cette question à fond dans le volume qui fera suite au présent et qui réfute toutes les thèses de Naumann, sur l'Europe centrale. Pour l'instant, il suffit de dire qu'il existe dans la région rhénane prussienne, un nœud révolutionnaire, dont l'influence se fera sentir dans les destinées de l'Allemagne.

★

L'Etat nouveau de la Confédération du Rhin reprend donc, en quelque sorte, l'idée napoléonienne. Il est la suite logique de la Révolution Française et du Nationalisme. Il remet en question les décisions du Congrès de Vienne, décisions qui ont rétabli l'absolutisme renversé par les armées de la République. Et la question du Rhin est traditionnellement Française. Mais pour que cet Etat nouveau puisse vivre, il faut que sa situation par rapport aux autres Puissances de l'Europe, soit clairement définie.

Il y a là un problème qui mérite examen. Si l'Etat nouveau doit constituer un tampon entre la Prusse et la France — comme la Pologne serait un tampon entre la Russie et la Prusse — il serait essentiel de baser son existence politique sur une sanction. Le Droit ne suffit pas; il doit disposer de la Force pour se faire respecter. Or, le Congrès de Vienne avait trouvé deux principes de sanction. Le premier était le Concert Européen, sous la forme de la Sainte Alliance, qui convoqua des Conférences en 1818, 1819, 1820 et 1822. Ce principe dura même jusqu'en 1848, année qui vit sa dernière application : l'invasion russe en Hongrie. Ce principe est mort; la Démocratie l'a tué. Il favorisait trop les dynasties aux dépens des peuples.

L'autre principe établi par le Congrès de Vienne est celui de la neutralité, et c'est peut-être la seule chose qui ait subsisté de l'œuvre de cette Conférence. La Suisse doit son existence à ce principe; c'est la preuve qu'il est bon.

On nous objectera le cas de la Belgique; l'objection a sa valeur, mais elle ne tient pas en présence des faits. Le professeur Roget, de Genève, disait récemment [1] :

« Je dois rappeler la différence fondamentale qui existe entre une neutralité simplement déclaratoire, unilatérale, facultative, révocable à volonté, dite *éventuelle*, et une neutralité obligatoire dite *perpétuelle*, qui est un engagement *bilatéral*, ne fixant à sa teneur, dans le cas ap-

[1] Conférence sur le Trust d'Importation, 29 novembre 1915.

plicable à la Confédération suisse, ni terme, ni mode de renouvellement.

« La forme applicable à la Belgique est extrêmement exigeante. La voici : Art. 7 : La Belgique... formera un Etat indépendant et perpétuellement neutre. Elle sera tenue d'observer cette neutralité envers tous les autres Etats.

« La valeur de ce second membre de phrase : elle sera *tenue* d'observer cette même neutralité envers tous les autres Etats, est indiscutable. Il y avait là comme une sanction pénale suspendue sur la tête de la Belgique.

« Les traités de 1815 qui nous régissent ne contiennent heureusement rien de pareil :

« Les Puissances signataires de la déclaration du 20 mars reconnaissent authentiquement par le présent acte, que la neutralité et l'inviolabilité de la Suisse et son indépendance de toute influence étrangère sont dans les vrais intérêts de la politique de l'Europe entière. »

« En vertu de ces traités, c'est la Suisse qui, *d'elle-même,* exerce ses droits et accomplit ses devoirs d'Etat neutre. Mais il va de soi qu'elle ne les interprète pas d'elle-même. L'interprétation est prescrite dans la déclaration de principe que nous avons citée : la neutralité et l'inviolabilité de la Suisse, et son indépendance de toute influence étrangère, sont dans les vrais intérêts de l'Europe entière. »

La Belgique est *tenue* à la neutralité; la Suisse l'exerce *d'elle-même*. Or, l'interprétation de ces principes par chaque pays s'est manifestée tout entière dans leur armée respective. La Belgique avait, avant la guerre, une armée de 58,000 hommes et une réserve exercée de 292,000 hommes, outre un contingent non exercé de 1 million 164,000. La Suisse possédait une armée active de 142,000 hommes, des réserves exercées de 398,000 hommes, outre un contingent disponible de 224,000, non exercé. L'armée suisse atteignait 540,000 hommes, pour 3 millions 800,000 habitants; celle de la Belgique représentait un effectif de 350,000 hommes seulement, pour 7,423,000 habitants ! On n'est jamais mieux servi que par *soi-même* !

En somme, si nous devions appliquer à l'Etat nouveau du Rhin le principe de la neutralité perpétuelle, la meilleure formule serait celle du Congrès de Vienne, appuyée par une armée sur le modèle suisse. Les Grandes Puissances ont négligé, en 1839, le côté « Conscience »; elles ont imposé à la Belgique une « obligation ». Or, le Congrès de Vienne n'avait fait qu'enregistrer un désir, une volonté émanant de la Suisse. Cette dernière avait *voulu* être neutre et elle a toujours considéré sa neutralité comme une question de « Conscience » et non d'« obligation ». Il doit en être de même pour l'Etat du Rhin et la Paix Universelle ne sera sauvegardée qu'à cette condition.

CHAPITRE VII

L'Etat nouveau du Rhin. Constitution.

Nous avons jusqu'à présent tenté de nous représenter l'Etat nouveau du Rhin, dans ses caractères économiques, ethnologiques et dans ses relations avec les autres Etats. Voyons un peu quelle serait sa constitution intérieure.

Il est à remarquer, à cet égard, que depuis le Congrès de Vienne, aucun Etat nouveau n'a été créé sous la forme d'une République ; ou plutôt, aucune nationalité européenne n'est devenue une nation sous cette forme de gouvernement. C'est un fait. Signifie-t-il que les gouvernements existants aient toujours à l'esprit les idées dynastiques du Concert Européen, de la Sainte Alliance ou de l'Equilibre de Puissances ? Je ne saurais répondre.

Dans tous les cas, la réorganisation de l'Europe se poursuit depuis plus d'un siècle sous l'égide du Nationalisme, sous le drapeau de la Révolution. La Liberté et l'Egalité figuraient sur les étendards des armées républicaines; sur la bannière de Garibaldi et les oriflammes des Hongrois, en 1848, etc. Par conséquent, le régime de tout Etat nouveau doit être constitutionnel et démocratique.

D'autre part, nous avons dit que plusieurs nationalités pouvaient constituer un Etat; il en est de même des Nations. L'Empire Britannique est un Etat de Nations. On pourrait donc envisager la création des Etats-Unis du Rhin, comprenant les nations Suisse, Belge, Hollandaise, Rhénane et les Alsaciens-Lorrains, autonomes.

Nous aurions ainsi un Etat supérieur, comprenant un gouvernement et un Parlement fédéraux, et composé de cinq ou six nations ou Etats autonomes (en y comprenant le Luxembourg). Cet Etat serait neutre, perpétuellement, sous la garantie des Puissances et « dans l'intérêt de la politique européenne », selon la formule suisse.

Toutefois, comme nous l'avons vu, la question de l'Etat supérieur du Rhin soulèverait naturellement le problème du *consentement des parties constituantes*. Une union de nations ne saurait être réelle *sans leur consentement*. Et, d'ailleurs, je ne vois pas de Puissance qui pourrait imposer aux peuples de la vallée du Rhin un Etat dont ils ne voudraient pas. Cependant, le caractère des institutions nationales, le fait que l'Etat représenterait le génie particulier et l'idée de chacun des peuples et enfin, leur communauté d'intérêts économiques, auraient indubitablement une influence sur leur examen de conscience, à cet égard.

Par exemple, presque tous les Belges, les Hollandais, les Suisses, les Rhénans et les Alsaciens-Lorrains possèdent deux des langues en usage dans la région. Et il n'y a que trois langues employées généralement : le Français, l'Allemand et le Hollandais. (Le Flamand est un dérivé de ce dernier.) D'ailleurs, les Hollandais savent l'Anglais, le Français ou l'Allemand; ces trois langues commerciales sont enseignées même dans les écoles primaires de ce pays. La question de langues ne soulèverait donc pas de difficultés insurmontables, pas plus que celle des religions. Quant à la civilisation et l'activité des populations elles-mêmes, nous avons vu qu'elles allaient de pair. Par suite, dès que ces peuples auraient *conscience de cette communauté* de langues, de coutumes, de religions, de culture, et de facultés, un grand progrès serait accompli vers l'Unification politique sous l'égide de l'Etat supérieur du Rhin.

Cette conscience de communauté peut aisément être inculquée. Il y a vingt ans, l'unité jougo-slave n'avait pas encore pris naissance; la coalition Serbo-Croate ne date que de 1903; que de chemin parcouru en une dizaine d'années ! Que d'incidents extraordinaires ont marqué la voie du progrès de cette nationalité vers son idéal d'unité, jusqu'à la guerre actuelle, provoquée précisément par le problème jougo-slave!

En ce qui concerne les peuples de la vallée du Rhin, la conscience de leur communauté reposerait principalement sur leurs intérêts économiques. Nous examinons ce sujet dans le chapitre suivant; pour l'instant, acceptons l'influence des arrangements économiques, comme en faveur de cette Union.

★

J'entrevois donc l'Etat nouveau du Rhin, sous une forme de Confédération possédant une constitution très souple. Il y aurait, par exemple, un souverain, puisqu'il faut s'incliner devant la tradition diplomatique qui refuse la constitution républicaine à toute nouvelle nation. Et, à tout seigneur, tout honneur, bien des suffrages se porteraient sur le nom du Roi Albert de Belgique, si on en arrivait à un plébiscite des peuples de la vallée du Rhin.

Protecteur de la Confédération neutre du Rhin, le souverain serait assisté d'un Conseil fédéral, sorte de Sénat, et d'un Parlement ; les sénateurs seraient des délégués des nations confédérées; les membres du Parlement seraient élus au suffrage universel, avec représentation proportionnelle. Ce Parlement confédéral n'aurait à connaître que des questions de politique extérieure, de politique commerciale et économique et des finances militaires et navales.

Naturellement, les Etats confédérés abdiqueraient ainsi une partie de leur souveraineté, mais observons qu'ils seraient couverts par le principe de la neutralité; l'abandon de leurs prérogatives de politique extérieure ne les entraînerait donc pas dans des aventures, *au contraire.*

Remettons à un autre chapitre la question économique et voyons un peu celle des finances militaires et navales.

Chaque Etat de la Confédération conserverait son armée; tous devraient l'élever au contingent qui serait déterminé par la Constitution. Chaque Etat supporterait ses propres frais militaires, mais contribuerait une quotité financière à l'entretien de la marine. Autant que possible, l'armement serait uniformisé, sous l'inspection de l'Etat-major central de l'armée Confédérée. Les Etats pourraient conserver leurs insignes, leurs étendards; les effectifs resteraient dans les pays de recrutement, mais l'organisation des unités serait la même pour toute la Confédération. Chaque armée aurait ses propres chefs; toutefois, en cas de guerre, elle serait à la disposition du généralissime désigné par le Sénat fédéral. Maintenant, on pourrait craindre que ce système ne donnât pas de bons résultats. Voyez l'organisation militaire allemande : la Bavière a sa propre armée ; le Wurtemberg conserve, en temps de paix, son corps d'armée à l'intérieur du royaume !

Les forces navales ne devraient pas être nécessairement très importantes; leur rôle serait de pure surveillance, surtout dans les colonies de l'Etat nouveau. D'ailleurs, l'Acte de garantie de la neutralité assurerait à la Confédération du Rhin la protection de la Flotte Britannique, en cas de violation. Cela suffirait, car on sait comment la Grande-Bretagne respecte sa signature !

*

Voilà les bases sur lesquelles on pourrait obtenir le consentement des peuples, au point de vue politique. Les provinces prussiennes du Rhin, englobées volontairement dans le nouvel Etat, seraient probablement constituées en République et le système fédératif ne serait aucunement gêné dans son fonctionnement. L'Empire Allemand est un exemple de Confédération englobant des Républiques et des Royaumes (les Républiques de Hambourg, Brême, Lubeck).

*

Cette vision de l'Etat nouveau du Rhin, constitué par le consentement des nations occupant la vallée du fleuve, et dont les peuples seraient conscients de leur communauté de langues, de coutumes, de facultés et d'intérêts, est ainsi édifié selon les vrais principes démocratiques. Et il apparaîtra clairement qu'il ne serait possible que sous cette forme. Les socialistes du Rhin pourront alors tendre la main vers les Belges, en exprimant leur ferme intention de racheter le passé. Et les socialistes belges, Vandervelde en tête, auront certainement l'âme assez haute pour comprendre que les Rhénans ont été égarés par leur inexpérience politique. Les Suisses éduqueront alors tous ces peuples sur les vrais principes de gouvernement constitutionnel et démocratique et les Hollandais enseigneront à leurs Confédérés l'art de coloniser. Voilà quels seraient les rôles de chacun, dans l'Union.

Mais, j'avoue que je ne puis concevoir la Confédération du Rhin sous le gouvernement d'une Commission internationale, composée de délégués des Puissances. Tout d'abord, cette mesure aurait l'apparence d'une tutelle qui serait imposée et nous avons vu que le consentement des peuples était essentiel. Ensuite, les grandes puissances auraient peut-être beaucoup plus à apprendre des peuples du Rhin qu'elles ne sauraient leur enseigner et, enfin, leurs délégués ne pourraient s'empêcher de suivre des instructions de politique extérieure, émanant de leurs propres gouvernements, ce qui aurait pour effet de compromettre le caractère de neutralité absolue du nouvel Etat.

CHAPITRE VIII

La Nation Economique du Rhin.

Nous avons particulièrement insisté, dans le précédent chapitre, sur la question du *consentement* des peuples de la vallée du Rhin et nous avons dit que la communauté des intérêts économiques exercerait une grande influence sur leur jugement. Nous croyons même que l'examen approfondi des avantages matériels emporterait absolument leur conviction; malheureusement, la place nous manque pour l'étude détaillée de la question.

Contentons-nous d'une vision et de quelques principes.

Tout d'abord, il importe de bien se pénétrer des principes, car ils seront applicables après la guerre.

Les nations belligérantes auront d'énormes dettes de guerre à payer et, pour faire face à leurs engagements, elles seront obligées d'augmenter considérablement leurs impôts. Ce fait gênera l'accumulation de l'épargne; par suite, la transformation des industries de guerre en industries de paix s'effectuera lentement et graduellement. Puis, l'augmentation des impôts ajoutera aux difficultés des industriels, car elle influencera les prix de fabrication de leurs produits. En outre, la production d'articles destinés à l'exportation sera nécessairement moins active qu'avant la guerre, à cause précisément de la lenteur de la transformation des industries. Il en résultera une diminution des marchandises d'échanges et une *réduction des importations*. Cette période passera, mais pendant son cours, la puissance d'achat des dites nations sera diminuée, car elles se restreindront quelque peu dans leurs dépenses courantes.

Par conséquent, les industries de luxe verront leur chiffre d'affaires baisser considérablement et à moins qu'elles ne transforment leurs méthodes ou leur matériel en vue de la production d'articles courants et usuels, qui seront seuls demandés pendant quelques années, elles courront le risque de subir de fortes pertes.

D'autre part, les nations neutres disposeront de plus de ressources financières immédiates, de crédits ou de marchandises pour leurs échanges entre elles, que n'en auront les nations belligérantes. Les entraves au commerce international ayant disparu, leur trafic pourra reprendre avec plus de vigueur. Les pays neutres devront profiter de ce moment pour importer le plus possible de matières premières et de denrées, afin de reconstituer leurs stocks. En outre, l'expérience faite au cours de la période de guerre engagera les Etats neutres à se préoccuper de la constitution d'approvisionnements de marchandises et de métaux, afin de parer à toutes éventualités futures.

Ainsi, *ce ne seront pas les Etats belligérants* qui achèteront beaucoup à l'étranger, durant la période de transition, *mais plutôt les neutres*. Et, le mouvement commercial sera strictement limité aux besoins, afin d'éviter les sorties d'or.

Mais, tout considéré, les industries des pays neutres devront aussi se transformer ou se modifier pour faire face aux conditions nouvelles; toutefois, leur Epargne ayant subsisté plus ou moins intacte, ils disposeront des capitaux nécessaires à cette tâche et à la constitution de stocks de matières premières. Ce sera le moment pour eux de penser nationalement en finance comme en industrie et, surtout, de créer des manufactures ou de transformer les fabriques, en vue de satisfaire aux besoins indigènes, avant tout autre considération.

A cela s'ajoute la guerre économique que les grands groupes de puissances se livreront; au fond, cette guerre ne durera pas plus de quelques années, car elle ne consistera, en réalité, que dans certaines mesures temporaires d'exclusion, avec, peut-être, des tarifs élevés sur certains produits. Ceci en vue d'encourager la création d'industries nouvelles.

Maintenant, voyons les effets de cette période de transition sur les peuples de la vallée du Rhin, considérés séparément.

La Belgique devra relever ses ruines. Pour cela, il lui faudra produire le plus qu'elle pourra avec des moyens diminués, en vue d'acquérir, par échange, les matériaux nécessaires aux reconstructions indispensables. Et sa réorganisation financière et administrative n'ira pas sans difficultés, car sa situation sera bien embarrassée.

La Hollande pourra reprendre énergiquement

son courant d'affaires, car elle jouira d'un excellent crédit et disposera d'une flotte marchande; en outre, les produits de son élevage lui fourniront une base d'échanges pour la reconstitution de ses stocks; enfin, elle a ses colonies.

L'Alsace-Lorraine et la Prusse Rhénane n'auront guère constitué d'accumulation de marchandises destinées à l'exportation, car cette région est actuellement le centre de l'industrie de guerre. La reconstitution de la flotte marchande allemande prendra du temps, bien que les Allemands prétendent avoir construit nombre de grands vaisseaux de commerce. Au point de vue financier, la situation sera difficile, car il n'existera plus de crédits à l'étranger et les banques, déjà engorgées avant la guerre, devront sacrifier une partie de leur portefeuille à perte, afin d'aider l'industrie rhénane à se transformer pour faire face aux conditions nouvelles. *Et tous les efforts de cette industrie rendront à sauver l'Allemagne d'une catastrophe économique.*

Quant à la Suisse, elle sera entourée de nouvelles barrières douanières très élevées; ses communications seront difficiles, car certaines obligations morales auront été levées de tous côtés;

les tarifs de chemins de fer augmenteront le coût de ses transports; sa finance sera sollicitée de toutes les manières et son industrie de luxe verra ses exportations diminuer peut-être de 50 %. En outre, toute son industrie sera tributaire du monopole allemand des charbons et des fers; elle sera en proie à des complications diplomatiques pour le renouvellement de ses traités de commerce, expirés ou dénoncés (complications qui n'existeront pas pour les autres neutres, parce qu'ils ont un accès à la mer); et, à moins d'un sursaut d'énergie, il est possible qu'elle se laisse imposer de nouvelles conventions genre Gothard, etc., etc.

Ce sera un dur moment à passer, qui affectera le crédit de ce pays; mais son Epargne et son élevage lui seront d'un secours précieux. Je ne pourrais en dire autant de son industrie hôtelière.

*

En somme, sauf pour la Hollande, tous les peuples du Rhin passeront un mauvais moment, plus pénible encore que la période de guerre. Et l'avenir n'est pas plus rassurant; existence cahin, caha, à moins d'une énergique organisation économique. Il faut envisager, à cet égard, sous la lumière du futur effort nécessaire, la constitution aux Etats-Unis d'une société au capital de 250 millions de francs pour aider le commerce extérieur américain; les travaux des Hongrois sur la question de l'« internationalisation » du Danube; le projet anglais d'une banque du commerce extérieur au capital de 250 millions de francs, et d'une banque franco-anglaise; l'activité remarquable de M. Herriot, maire de Lyon, et enfin, la *Konzentrazion* allemande, *s'ajoutant aux cartels et aux syndicats*. Si les Grandes Puissances se préparent de cette manière à faire face à la période de transition, c'est probablement parce que les experts qui les conseillent ne voient pas l'avenir en rose et qu'ils estiment que l'heure de l'effort économique a sonné. La Suisse n'a pas encore entendu l'écho de cette cloche.

★

Voyons, maintenant, le revers du tableau. Admettons l'existence, à la Paix, d'une unité économique dans la vallée du Rhin, c'est-à-dire, par exemple, d'une sorte de Zollverein dont les effets s'étendraient sur tout le bassin de ce fleuve. Inter-échange sans barrières de tarifs, entre la Belgique, la Hollande, les provinces rhénanes, l'Alsace-Lorraine et la Suisse. Hautes palissades tout autour. Voyons ce qui se passerait, par exemple, la première année.

Le premier effet qui se produira sera la concentration immédiate et instantanée de tous les changes de la région sur Rotterdam. Résultat : crédit de premier ordre; matières premières offertes ; demandes de produits en échange.

Puis, la flotte marchande des Pays-Bas et de Belgique amènera des colonies, du Congo, de Java, Madura, Sumatra, etc., des monceaux de marchandises accumulées (naturellement à crédit) : caoutchoucs, pétrole, étain, tabac, café, coprah, riz, coton, poivre, thé, etc., denrées coloniales d'excellent placement dont l'afflux relèvera le commerce d'Anvers et de Rotterdam comme par un coup de baguette magique. Et par suite du Zollverein Rhénan, ces marchandises fourniront des moyens d'échange pour obtenir les matériaux destinés à la reconstruction des ruines de la Belgique, etc.

Le flot de denrées sera tel, grâce au change

hollandais[1], qu'une réglementation des transports s'imposera sur les cinq grandes lignes de chemins de fer qui relieront la Suisse à la mer, ainsi que sur les voies navigables du Rhin. Ces lignes de chemins de fer, qui aboutissent à deux tunnels franchissant les Alpes (le Gothard et le Simplon), assureront à l'Italie un ravitaillement normal en charbon belge et westphalien. Si l'Union du Rhin ne s'effectuait pas, l'Italie manquerait peut-être de charbon.

Les chantiers de constructions maritimes s'élèveront comme par enchantement dans les îles de Zélande, où le fer sera amené de Lorraine et le charbon de la Ruhr, au moyen des canaux hollandais, et de nombreux navires seront lancés qui ajouteront à la flotte marchande de la région un tonnage puissant, tant pour les services maritimes que pour la navigation fluviale[2].

Les Américains, ayant des coupons importants à payer sur les seuls portefeuilles de valeurs américaines qui resteront encore en Europe, offriront des marchandises en masses immenses pour se libérer de leurs dettes; ils avanceront

[1] Le portefeuille hollandais est à peu près le seul en Europe qui conserve encore des valeurs américaines !

[2] La Hollande a 423 chantiers, employant 18.000 ouvriers et construisant 70% de la flotte du bassin du Rhin.

même des capitaux pour la transformation des industries de la région et feront des efforts inouïs pour assurer le placement de leurs matières premières, sur contrats échelonnés, auprès des centres industriels de l'Etat nouveau. On sait, d'autre part, qu'ils auront besoin des potasses d'Alsace et des couleurs et autres produits chimiques de la vallée rhénane.

Puis, la Hollande développera son industrie extractive ; la Suisse, enfin, comprendra la valeur de cette branche d'activité, et commencera à utiliser ses forces motrices hydrauliques, pour des moulins qui moudront le blé russe et des usines qui extraieront les huiles et les engrais des graines de coton, de soya, du coprah, etc., expédiés par les colonies et les Etats-Unis.

Car la Russie *trouvera de suite dans cette région un débouché important pour les produits de ses récoltes* et demandera des machines de tout genre en retour ! On sait aussi que la Belgique était très intéressée dans l'industrie russe avant la guerre.

Ces effets de la première année apparaissent encore assez chaotiques, mais il ne faut pas perdre de vue que, du jour de sa constitution, l'Etat nouveau du Rhin ne sera pas un pays neuf. Il se composera des nations les plus actives; il disposera d'immenses ressources naturelles et l'excellent change hollandais se répercutera sur toute la région.

Ce sera une unité économique ayant, d'emblée, dès la signature de la Paix, *le meilleur crédit* et de puissants moyens de production. En outre, l'écroulement des barrières qui séparaient, avant la guerre, les cinq régions économiques et nationales de la vallée, donnera naissance à un *vaste mdrché intérieur* de 40 millions d'habitants, pour toutes les industries dont les efforts étaient auparavant éparpillés de tous côtés par les tarifs douaniers. C'est dire que, grâce au crédit et à l'activité de production, la puissance d'achat de cette population sera immédiatement l'une des plus importantes d'Europe. Cette situation ne peut manquer d'avoir une répercussion énorme sur la production industrielle de toute la vallée et cette dernière se préoccupera immédiatement d'assurer la suprématie de ses produits sur le *vaste marché intérieur*. Par suite, la Belgique, la Suisse, etc., profiteront largement de la transformation.

D'autre part, les syndicats et cartels allemands seront brisés; les entreprises reprendront la concurrence; la technique qu'elles possédaient leur sera d'un puissant secours et les institutions démocratiques et nationales de la vallée pourront assurer à la classe ouvrière les satisfactions légitimes qu'elle revendique. Il en résultera une meilleure utilisation des forces mécaniques et une réduction générale des frais de production.

Et, la Dette publique de la région sera peut-être relativement la moins élevée de toute l'Europe, même en admettant que les provinces rhénanes aient à fournir une indemnité à la Belgique, comme don de joyeux avènement à la Liberté et à la Démocratie !

★

Je préfère laisser au lecteur la tâche de se représenter l'activité qui régnerait dans une région où 40 millions d'habitants, ayant le meilleur crédit du monde, disposeraient également de vastes ressources en charbon et en minerai de fer, ainsi que de deux ports plus puissants que Hambourg ou que Londres, qui auraient chacun plus de mouvement qu'il n'en existe dans deux ports Français, le Havre et Marseille. Les deux ports du Rhin auraient ensemble un mouvement maritime supérieur au total des entrées et sorties de tous les ports allemands ! Ils constitueraient une tête de ligne du réseau ferré qui serait, comparativement, le plus puissant de l'Europe. Le réseau du Rhin comprendrait 44,500 kilomètres de voies ferrées pour une superficie totale de 250,000 kilomètres carrés et une population de 40 millions d'habitants. La densité de ce réseau ressort des chiffres suivants : il atteindrait 17,8 kilomètres de voies ferrées par 100 kilomètres carrés de superficie et 11,11 kilomètres par 10,000 habitants. Les chiffres correspondants pour toute l'Europe sont de 3,5 kilomètres par 100 kilomètres carrés et de 7,9 kilomètres par 10,000 habitants. En Angleterre, ces chiffres sont de 12 et 8,3, respectivement; en France, de 9,5 et 13; en Russie d'Europe, de 1,2 et 4,8; en Allemagne, de 11,8 et 9,5...

Ce réseau ferroviaire est doublé de voies navigables et de canaux modernes et *existants*, dont le mouvement annuel dépasse 100 millions de tonnes et qui disposent d'une flottille de 30,000 chalands, de 50 à 600 tonnes de capacité [1].

La région entière, desservie par une artère fluviale de première importance et par cinq

[1] Le fret moyen sur le Rhin est de 0,73 pfennigs par tonne kilométrique.

voies ferrées longitudinales en relations directes avec les réseaux voisins, posséderait ainsi dans toutes ses parties *la voie la plus directe et la plus courte à la mer et aux débouchés extérieurs.* En outre, ses chemins de fer pourraient établir des tarifs de transport comprenant le coût sur rail et le fret sur mer, jusqu'aux ports les plus éloignés. Il en résulterait un équilibre parfait dans toute la région, au lieu des taux différentiels actuellement appliqués.

Noter que je n'envisage pas encore la question du régime douanier proprement dit; pour l'instant, je considère la situation comme étant celle du libre échange pour toute la région du Rhin et je suppose que les Etats qui l'entourent, élèveraient leurs tarifs pour des raisons budgétaires plutôt que protectionnistes. Voyons les conséquences générales :

Par suite de leur change excellent, la Hollande et son port de Rotterdam prendront une énorme importance commerciale et deviendront une sorte d'entrepôt continental pour toutes les matières premières et les denrées alimentaires venant des pays neufs. Par les canaux, le ravitaillement en charbon, en fer, sera assuré sans discussion avec le cartel allemand, qui aura disparu. Ses chantiers de constructions maritimes profiteront de la circonstance et l'augmentation de la flotte permettra d'accroître l'industrie extractive dont les sous-produits profiteront à l'agriculture et à l'élevage de toute la région.

Anvers jouissant du même crédit que Rotterdam, regorgera de blés et de denrées et développera aussi son mouvement économique dans des proportions fantastiques, contribuant d'une manière puissante au relèvement des ruines de la Belgique. Anvers prendra la place qu'occupait Hambourg.

Les provinces rhénanes, délivrées du joug des syndicats et cartels allemands, reprendront le cours normal de leurs industries grâce à l'extension de leur production de charbon. Elles veilleront surtout aux exportations de produits manufacturés.

L'Alsace-Lorraine, Française ou autonome politiquement, exploitera à outrance ses bassins houillers de la Saare et ses gisements de minette; ses potasses feront une concurrence active à celles de Saxe. Elle assurera, par le moyen de ses canaux, l'approvisionnement de la France en charbon et en coke, etc.

La Suisse trouvera un marché intense pour son industrie de luxe dans les régions de l'Etat nouveau, devenues pour elle un débouché *inté-*

rieur; par suite, ces industries pourront se développer en toute sécurité en vue de l'exportation; elles seront assurées d'une clientèle importante dès l'abolition des barrières douanières du nord. En outre, *son ravitaillement en charbons et en fers sera libéré des monopoles allemands et soumis aux conditions de la concurrence universelle.* La Suisse, ayant alors vue sur la mer, ses forces motrices hydrauliques attireront les capitaux, parce qu'elles reviennent à bien meilleur compte que la vapeur et que la porte ouverte sur le Rhin lui assurera le transport facile des matières premières nécessaires à la grande industrie de la mouture et des huiles, etc.

La Suisse peut devenir le moulin de l'Europe, et si elle s'adonnait à l'industrie extractive, ses réserves de forces hydrauliques lui assureraient six milliards de francs de salaires, en rémunération du simple travail fourni.

En outre, la Suisse pourrait être le centre de « finissage » des industries de la vallée; à cet égard, sa technique est très développée. Ses voies ferrées profiteraient également du développement rationnel du trafic italo-rhénan, car l'Italie modifiera nécessairement son régime économique. Ayant changé d'Alliance, elle donnera sa clientèle à d'autres alliés, ce dont la vallée du Rhin ne peut que profiter.

★

Un autre point important à envisager est celui qui concerne le domaine colonial de l'Etat nouveau du Rhin. La Hollande a des colonies en Amérique et aux Indes Occidentales qui ont une superficie de plus de 2 millions de kilomètres carrés et sont habitées par une population de 38 millions d'habitants. Leurs voies ferrées ont déjà une longueur de 2834 kilomètres; leur budget annuel est de plus de 600 millions de francs; leur commerce dépasse 1500 millions de francs à l'exportation et 1100 millions à l'importation.

La Belgique administre, on le sait, l'Etat Indépendant du Congo, d'une superficie de 1,800,000 kilomètres carrés, ayant une population de plus de 15 millions. 800 kilomètres de chemins de fer sont déjà construits; exportations, 59 millions; importations, 52 millions.

Ces immenses territoires seraient alors ouverts à la colonisation par les nationaux du Rhin et n'oublions pas que les Hollandais et surtout les Allemands des provinces rhénanes sont réputés comme les meilleurs colons du monde. Les Rhénans s'assimilent avec une telle aisance et sont si industrieux et si malléables qu'on les préfère, en bien des pays neufs, à tous autres immigrants. Avant la guerre, les Américains et les Australiens recherchaient par dessus tout les expatriés de cette région ! Cette population, d'ailleurs, est extrêmement prolifique. Sait-on que l'excédent annuel des naissances sur les décès, dans la vallée du Rhin, *est le plus élevé connu,* pour la race blanche, s'entend? Cet excédent est de 13,6 naissances pour mille, dans tout l'Empire allemand; de 11,4 pour mille dans toute la Russie; de 8,7 pour mille en Grande-Bretagne, et de 1,8 pour mille en France. Or, en Suisse, il est de 12,4 ; en Alsace-Lorraine, de 8,4; en Belgique, de 10,4, et en Hollande, de 13,8; ce qui constitue déjà une très bonne moyenne. Mais, dans la Hesse-Darmstadt, il est de 13,5; dans le Hesse-Nassau, de 15,7; dans la province du Rhin, de 21,1 et en Westphalie, de 25,6, *un des chiffres les plus élevés connus* !

*

Voyons maintenant brièvement, les effets économiques sur les autres nations. L'Italie trouvera dans la vallée du Rhin un marché libre de tarifs pour ses céréales, ses soies, etc., et importera sans entraves les fers et les métaux dont elle aura besoin.

La France trouvera en Alsace-Lorraine des charbons, du fer, des potasses et des engrais de toute nature. Ses canaux la mettront en rapports directs et sans tarifs avec deux ports mieux outillés que les siens. La région rhénane lui ouvrira un vaste marché pour toutes ses industries à façon et de luxe et elle participera, plus encore que la Suisse, à l'industrie de finissage pour les articles produits dans la vallée.

L'Angleterre trouvera à développer dans le bassin du Rhin ses exportations courantes de cotonnades et de lainages et évitera l'emprise des syndicats allemands sur toutes ses importations de produits chimiques, etc.

La Russie fournira à la vallée des blés, des orges, etc., dont elle produit une abondante quantité, recevant en retour des crédits importants pour couvrir le service de sa dette extérieure. Avec le temps, les capitaux de la vallée du Rhin afflueront vers elle sous l'influence de l'élément belge. Et la Russie trouvera dans cette région, les charbons, les cokes et les fers qui lui feraient défaut.

D'une manière générale, on peut dire que les Puissances de l'Entente trouveraient dans la vallée du Rhin le moyen de remplacer leur ancien commerce avec les Empires du Centre, car le développement économique de la région sera d'une intensité et d'une rapidité extraordinaires.

Quant à la situation des Empires du Centre, ou de ce qui en restera, accordons-lui le chapitre suivant. Elle vaut la peine d'être examinée.

CHAPITRE IX

Conséquences économiques en Europe Centrale.

Après l'âge de la pierre, l'âge du bronze et l'âge du fer, l'Histoire nous enseigne que les temps pré-historiques sont devenus successivement, au cours de l'évolution des peuples, le moyen âge, les temps modernes et l'époque contemporaine. Cette classification plutôt rudimentaire, est purement chronologique. Les avancés nous diront qu'il n'y a eu que deux âges : celui de l'esclavage et celui de la Liberté et que ce dernier date de la grande Révolution. Au fond, ils paraphrasent le sermon du mont des Oliviers et les discours de Démosthène. En réalité, la liberté a existé de tous temps; il y a eu des villes libres au moyen âge et des républiques avant Jésus-Christ, etc.

C'est l'organisation sociale qui a toujours été mal comprise et c'est l'administration des richesses qui a été constamment en défaut. La liberté athénienne est devenue de la licence par suite de la mauvaise administration des richesses et l'Hellade s'est écroulée dans la pauvreté. Le dogme égyptien a engendré la paresse et la ruine. Le culte romain de la force a provoqué la décadence de Rome, entraînée dans un tourbillon de guerres. La licence, la paresse et la guerre créent la pauvreté et causent la ruine des civilisations.

Le culte des richesses n'est donc pas un anachronisme de notre époque; il est issu de la liberté, du travail et de la Paix. La pauvreté implique la nécessité de rechercher des moyens d'existence. La richesse permet à certains individus de s'adonner à des travaux intellectuels. La pauvreté exclut toute éducation; la richesse la développe.

Or, c'est parce que les richesses augmentaient que le monde s'était très civilisé durant le siècle écoulé, car le bien-être avait facilité l'invention et l'exploitation des ressources du globe. Puis est né l'esprit de confiance, *le crédit*, et son influence a été telle qu'avant la guerre, *toute la société était devenue une Grande Association économique.* Les ouvriers anglais voyaient leurs salaires subir l'influence de la récolte de coton aux Etats-Unis; les banques européennes se portaient au secours des établissements américains. Le moindre choc éprouvé par l'organisme économique dans un pays, se répercutait en réactions nombreuses dans tous les autres. *Il existait un équilibre basé sur la confiance.*

La guerre a détruit cet équilibre et la lutte économique dont on parle comme devant suivre la Paix, tendra à perpétuer l'ébranlement. Si nous étions encore au XVIIIe siècle, les conséquences de cette situation ne seraient pas extrêmement graves. A notre époque, toutefois, le mouvement commercial du monde dépend de l'état des changes, car le crédit ou change constitue la monnaie universelle. Par suite, si la lutte économique détruisait les relations financières, après le rétablissement des conditions normales de transport, *il arriverait que les échanges de marchandises seraient des plus difficiles, en raison du manque de confiance.*

La lutte économique qui doit suivre la Paix

ne portera donc pas, il faut l'espérer, sur les changes, parce que la Grande-Bretagne serait alors la première lésée. Le prestige du «sterling» serait atteint; le marché central des escomptes et des changes émigrerait aux Etats-Unis et l'Europe ne constituerait plus qu'une sorte de dépendance économique du Nouveau Continent[1].

La lutte économique de l'avenir doit donc envisager le maintien en Europe d'un centre où pourront s'effectuer les échanges de traites; cette mesure est essentielle, car s'il résultait de la guerre commerciale un boycott Ententiste des crédits allemands et *vice-versa*, il s'ensuivrait une complète désorganisation du mouvement économique tant des Alliés, des Allemands que des Neutres.

En effet, le bon fonctionnement du change, c'est-à-dire le mouvement universel des traites, est la condition préalable du commerce des Nations. Si nos traites suisses n'étaient pas reconnues dans le monde entier, comme des valeurs convertissables en or sur demande, nos importations s'arrêteraient tout net. On a vu cela en Angleterre au mois d'août 1914, malgré la maîtrise de la mer. Et nos traites suisses

[1] « L'Or et les Changes », *Journal de Genève*, 8 et 11 janvier 1916.

inspirent confiance parce qu'elles trouvent toujours un escompte sur le marché central, Londres, où leur conversion en or n'offre aucune difficulté, en cas de besoin.

Imaginons-nous, maintenant, l'ancien monde économique que nous avons connu, organisé à nouveau avec *trois* centres de changes, à Londres, Berlin et New-York. En outre, Londres et Berlin n'auraient aucun rapport entre eux; le truchement serait New-York. Pour nos affaires avec l'Europe, nous serions alors obligés de faire accepter nos traites par les Américains, afin qu'elles circulent soit chez les Alliés, soit chez les Germains. Et cette hypothèse est la plus simple, car s'il existait aussi des réglementations de banques interdisant aux établissements anglais de recevoir des traites émises en payement d'achats effectués en Allemagne, et *vice-versa*, il y aurait des complications à n'en plus finir. Ce serait l'anarchie, le chaos dans la finance du commerce. Et, toute la vie économique des nations neutres et belligérantes serait suspendue par ce seul fait. *Il en résulte donc clairement la nécessité de la création d'un centre de change en Europe, qui serait tout au moins en pays neutre.* A la réflexion, on comprendra que cette idée est juste.

★

Je me suis étendu sur cette question technique et quelque peu abstraite, parce que le concours des financiers et des banques sera très utile pour la réalisation de l'Etat nouveau du Rhin, et, ensuite, parce que justement la création de cette nouvelle unité économique, avec une capitale des changes à Rotterdam, éviterait les dangers pour la vie commerciale de l'Europe, dont j'ai parlé plus haut.

Je laisse aux financiers et aux banquiers le soin de tirer leurs propres conclusions de ce qui précède; ce qui nous intéresse pour l'instant c'est de savoir comment le danger signalé sera évité.

★

Voyons les données du problème : j'ai exposé dans le chapitre précédent une vision de la nouvelle région économique du Rhin, mais ce que je n'ai pas encore montré, c'est le rapport qui existe entre la vallée de ce fleuve et le reste de l'Empire Allemand.

Enoncé en chiffres de population, ce rapport est comme 13,5 à 40, sur le nombre d'habitants du Royaume de Prusse, soit 33 %; comme 22 à 64, sur le nombre d'habitants de l'Empire, soit 34 %; comme 8,2 à 24, sur la population totale exerçant une profession agricole, commerciale ou industrielle, soit 34 %, et comme 35 à 86, sur la population industrielle seulement, soit 40 %. L'industrie rhénane est donc relativement plus développée que dans les autres parties de l'Empire.

Maintenant, la production totale de houille est de 177 millions de tonnes pour toute l'Allemagne, dont 125 millions de provenance rhénane et le reste de Silésie et de Saxe. La consommation totale étant de 190 millions, y compris les importations, on peut estimer que l'industrie rhénane absorbe au moins 40 % de ce chiffre, soit 76 millions de tonnes. Mais, le reste de l'Empire consomme 114 millions de tonnes et n'en produit que 50 ! Le déficit serait donc de 64 millions de tonnes.

Or, il n'existe pas, en dehors de la province rhénane, de source de production capable de fournir cette quantité de houille. L'Angleterre et la Russie conserveront leur charbon pour leurs besoins indigènes ou en vertu de la guerre économique et la région austro-hongroise est elle-même dépendante des charbonnages westphaliens. D'ailleurs, il est douteux que l'extraction anglaise ou russe puisse augmenter assez rapidement pour suffire à la demande prussienne.

Ainsi, l'Allemagne, amputée de la vallée du Rhin, devient tributaire de cette dernière pour le charbon nécessaire aux 60 % de sa propre consommation.

Concernant le fer, les chiffres sont encore plus éloquents. L'Empire allemand consomme 46 millions de tonnes de minerai, dont 45 millions proviennent *entièrement de la région rhénane et des importations* ! En admettant que la région rhénane consomme 40 % de ce minerai (ce qui est un chiffre des plus restreints étant donnée l'activité de l'industrie sidérurgique de cette région), soit 18,4 millions de tonnes, la Prusse nouvelle devrait se procurer, par importation, environ 26 millions de tonnes de minerai de fer, car elle n'en produirait qu'un million. Or, si on excepte la France, les seules sources de minerai de fer où l'Allemagne prussienne pourrait se ravitailler, la Suède et l'Espagne, ne produisent elles-mêmes que 15,500,000 tonnes *au total*, en sorte que la Prusse serait tributaire de la région rhénane pour environ 15 millions de tonnes de minerai, soit les 60 % de sa propre consommation. (Les importations allemandes sont de 14 millions de tonnes, dont 4,3 millions proviennent de France, d'Algérie et Tunisie et le reste de Suède et Espagne; ces deux pays ne peuvent disposer de plus de 10 millions de tonnes en faveur de la Prusse, en raison de leurs contrats de livraisons.) Et si la région rhénane ne peut fournir ces matières, en vertu de contrats avec l'Italie, la France, la Russie, etc.?... Et si la région rhénane ne veut fournir que du fer travaillé?...

★

Par conséquent, dans l'hypothèse d'une séparation économique de l'Empire en deux régions, l'une rhénane et l'autre comprenant la Prusse, l'industrie de la nouvelle Prusse serait tributaire de la région du Rhin pour les 60 % des matières qui lui seraient essentielles, en admettant qu'elle puisse les obtenir. Etant données les difficultés financières déjà existantes, en Saxe, dans le Brandebourg et en Silésie, il semble évident que la Prusse nouvelle devra sacrifier une bonne partie de son industrie et s'adonner exclusivement à l'agriculture, en attendant des temps meilleurs.

A ce dernier point de vue, ce pays pourrait se suffire; il produit assez de denrées alimentaires pour nourrir les 30 à 40 millions d'habitants qui lui resteraient, mais il devra ralentir son industrie, ou bien subir les conditions peut-être léonines de la région rhénane. Ses cartels et syndicats seront dissous, faute de producteurs, et les raisons budgétaires la contraindront à établir un tarif douanier et agraire des plus élevés. Elle s'engagerait volontiers dans cette voie si elle pouvait espérer créer des industries nouvelles, *mais elle manquerait quand même de charbon et de fer*, qu'elle aurait à payer à un prix de revient exact et non à des conditions spéciales résultant du *dumping* effectué par les syndicats.

Ainsi, la Prusse devrait renoncer à son système de longs crédits, à son *dumping* [1], et re-

[1] Le *dumping*, était une opération courante en Allemagne. Des primes d'exportation l'encourageaient. Le mot *dumping* est anglais et signifie « jeter en masse ». Il est dérivé de « Dump », c'est-à-dire le « crassier » d'une mine. Les syndicats et cartels allemands, par leur règlementation de la production, déterminaient les prix de vente en Allemagne de manière à s'assurer un bénéfice important. Puis ils vendaient le surplus de leurs produits, à l'étranger, à des prix défiant

chercher des moyens d'existence dans son agriculture, afin de faire face à sa lourde Dette publique. Elle serait appauvrie dans toute l'acception du mot et ferait retour aux conditions antérieures à la Révolution française. Son industrie serait presque anéantie. Plus de militarisme possible; plus de Pangermanisme. Contrainte à une politique agraire, elle serait *tenue*, par sa situation, à observer un farouche isolement économique.

★

Toutefois, il existe en Allemagne deux autres centres industriels que la Prusse rhénane. Ce sont ceux de la Saxe et de Silésie. Ils seront naturellement très affectés par la situation du ravitaillement général en charbon et en fer. Mais, il y a lieu de comprendre que ces deux centres correspondraient aussi à ceux de l'Autriche-Hongrie, si l'on admettait que cette dernière demeurât sous le sceptre des Habsbourg.

toute concurrence. Il en résultait parfois des pertes ; la plupart du temps, un bénéfice restreint, que compensaient les profits réalisés sur le marché *intérieur*. Les directions de syndicats répartissaient ensuite tous les bénéfices sur la masse des produits, en sorte que chaque producteur y trouvait son compte et les banquiers aussi.

En effet, les centres industriels autrichiens sont situés en Bohême et en Galicie. En quelque sorte, les régions industrielles du centre et de l'est de l'Europe Centrale sont à cheval sur la frontière qui sépare l'Allemagne de l'Autriche.

Or, la création d'une nouvelle Pologne, par la réunion de la Galicie et du duché de Posen et d'une partie de la Silésie à la Pologne russe, *priverait la Prusse et l'Autriche de leur centre industriel de l'Est et d'une ressource annuelle de 70 millions de tonnes de charbon.* (L'Autriche produit 17 millions de tonnes de houille, provenant de Galicie.)

La Hongrie ne conserverait que ses plaines et serait essentiellement agricole. Elle serait tributaire de ses voisins pour tous articles industriels et contrainte à une politique agraire.

La Transylvanie, passant à la Roumanie, il faut espérer que cette dernière saura mettre en valeur ses richesses minières, encore intactes. Après une réforme foncière complète, ce pays deviendra très prospère, grâce au Port franc de Constantinople.

Puis, il y a le problème économique de la Bohême et de l'Autriche proprement dite. Si les Tchèques et les Slovaques étaient constitués en un Etat de Bohême, ils disposeraient *d'une partie de la région industrielle située au centre de l'Europe Centrale,* mais comme nous l'avons vu, ils seraient entourés de tous côtés et n'auraient d'autre issue que vers la Pologne ou par l'Elbe. Toutefois, *la limite de partage des eaux du bassin du Rhin toucherait en un point la frontière de Bohême* et établirait ainsi une communication entre l'Etat nouveau du Rhin et le Royaume tchèque. Par cette voie, avec des tarifs appropriés, la Bohême serait en relations directes avec une région de libre-échange, c'est-à-dire avec l'économie mondiale. Quelques voies ferrées franchissent les monts de Bohême, en sorte que la question de transports n'offrirait pas de difficultés insurmontables.

La Bohême y gagnerait d'être beaucoup plus proche des grands marchés de l'univers que par la voie russo-polonaise, et comme son industrie est également celle du finissage, elle partagerait avec la Suisse et la France les commandes de toute la vallée industrielle du Rhin. L'Angleterre y trouverait du sucre en abondance, sans avoir besoin de recourir à la Prusse.

★

Cet examen économique nous place maintenant en présence d'un nouveau problème : celui des parties de la Bavière et des régions du Wurtemberg qui ne sont pas comprises dans le bassin du Rhin. Ces territoires sont dans le bassin du Danube et leur port naturel est Trieste. De tous temps, ils relevaient de l'Empire d'Allemagne dont la capitale était à Vienne et ce n'est que par suite de la faiblesse de l'Autriche, qu'elles ont été incorporées dans l'Empire allemand actuel. Leur population remplit toutes les conditions de nationalité : communauté de race, de langue et de coutumes. Et, qui plus est, ces peuples partagent cette communauté avec les Allemands d'Autriche. Comme eux, ce sont des catholiques ; ils parlent aussi le haut-allemand et leur Histoire s'est confondue avec celle de l'Autriche jusqu'en 1866. Réunis à l'Empire allemand en 1870, par la crainte de la Prusse, ils s'en sépareraient très certainement si cette dernière ne pouvait plus les atteindre. Par la création de l'Etat nouveau du Rhin, ils seraient complètement séparés de l'Allemagne du nord-est et comme ils ont conscience d'avoir été les dupes du Zollverein, ils n'auraient rien à regretter.

Leur union avec les Autrichiens-Allemands constituerait donc un état national de 18 millions d'habitants, dont le port serait Trieste et qui serait en relations directes avec l'Etat nouveau de la Vallée du Rhin.

*

Ce ne sont là évidemment que des hypothèses et nous nous défendons vivement de les recommander. Nous ne cherchions qu'à tirer les conséquences économiques de la création de l'Etat nouveau du Rhin et nous nous apercevons que le simple examen des répercussions matérielles nous a entraîné à créer des Etats politiques remplissant toutes les conditions de nationalité et de nation. N'est-ce pas une justification éclatante du principe des nationalités par la méthode économique ? Admettons que ces solutions soient élégantes, et passons.

Il nous faut maintenant terminer ce chapitre et comme nous l'avons commencé par des considérations financières, il importe qu'on les ait présentes à l'esprit en lisant la suite.

Nous avons dit que la guerre économique tendrait à créer des difficultés pour tout le monde, du simple fait qu'elle provoquerait la création de trois centres principaux d'escompte et de change. Ce serait le cas, par exemple, si la vallée du Rhin n'était pas constituée en une nouvelle unité économique. L'Allemagne conserverait alors ses relations avec les neutres; les Etats de l'Entente en feraient autant. Mais, dans l'éventualité d'un boycott, les Neutres ne pourraient payer leurs achats en Allemagne qu'au moyen de ventes en Allemagne; il en serait de même pour les relations entre les Neutres et les Pays de l'Entente. Avant la guerre, on pouvait payer un achat en France par une vente en Chine et on était payé d'une vente en Amérique par un achat en Allemagne, etc. La guerre économique va changer tout cela de la manière précitée. Et quand il y aura des différences à payer, il faudra les régler, soit en espèces, soit au moyen de traites achetées à New-York, s'il en existe sur le marché des changes de cette place. Le résultat net consistera en pertes de temps, soucis, tracas, intérêts élevés, frais, toutes choses de nature à enrayer le mouvement commercial entre tous les pays, sans exception. Ceux de l'Entente en souffriront tout comme les Empires du Centre, et les Neutres d'Europe perdront des intérêts et beaucoup de temps en raison de la distance qui les séparera de leur marché central d'escompte, New-York. Rotterdam ne sera qu'un change accessoire.

Puis, les Neutres souffriront du *dumping*, de la difficulté des transports, des tarifs élevés contre eux. Et leur régime économique sera très difficile, car une guerre commerciale a précisément pour but de gêner tout le monde, y compris ceux qui la font. *Dans l'ordre économique, toutes mesures extrêmes se retournent fatalement contre leurs auteurs.*

J'envisage donc la guerre économique simplement comme un épouvantail; au fond, la question du change domine le mouvement commercial et nul Etat ne saurait ébranler le crédit d'un autre, sans être affecté lui-même. C'est pour cette raison que la création d'un Etat nouveau du Rhin éviterait la guerre économique et toutes les complications exposées plus haut. Constituant une unité de puissante production et de grande activité, son crédit universel serait des plus élevés; il ferait prime et, par la force naturelle des choses, Rotterdam deviendrait le centre européen des changes, en attendant que la Grande-Bretagne eût réglé ses dettes extérieures accumulées pendant la guerre. L'existence du centre d'escompte de Rotterdam changerait complètement la face des choses, car tous les Etats d'Europe pourraient alors se procurer sur cette place des traites neutres qui circuleraient sans discussion dans le monde entier, sans pertes de temps, tracas, soucis, etc.

Puis, la création de cet Etat nouveau aurait pour effet politique de détruire l'unité allemande; le grand danger économique du Pangermanisme serait ainsi écarté, la Prusse serait confinée dans des frontières plus étendues que celles qui lui avaient été accordées par le Congrès de Vienne, mais contrainte à s'isoler elle-même économiquement, et toutes les nationalités du continent européen respireraient plus largement, sans craindre de voir leurs libertés politiques et économiques disparaître sous l'hégémonie de l'Europe Centrale.

Il n'y aurait pas besoin de guerre économique, puisque le danger à éviter n'existerait plus ! Et, ainsi que je l'ai dit plus haut, l'Etat nouveau du Rhin, par la seule influence de son crédit, constituerait pour les pays de l'Entente un client et un fournisseur qui remplacerait éventuellement leur ancien commerce avec les Empires du Centre. J'étudierai toute la question de l'Europe Centrale dans le volume qui fera suite.

CHAPITRE X

La Zone Rhénane.

Nous nous sommes efforcé, par les chapitres qui précèdent, de montrer la Nation rhénane, considérée dans sa physiologie, sa psychologie, sa constitution politique et son économie. Nous avons tenté de la représenter d'une manière concrète, afin que la discussion éventuelle de la question puisse reposer sur une base certaine. Notre but est simplement de réunir tous les éléments épars qui peuvent aider le lecteur à se former une conviction.

On a pu constater que les facteurs psychologiques ou sentimentaux, qui contribuent puissamment à assurer la cohésion nécessaire entre les citoyens d'une nation, étaient présents. Il existe manifestement, entre les populations qui habitent la vallée du Rhin, une communauté d'origine; les races qui la composent ont vécu côte à côte depuis les temps les plus reculés de la civilisation occidentale; elles ont pour ainsi dire souffert pour les mêmes causes, pour leur liberté civique et leur liberté de conscience, pour le droit « d'exprimer leur pensée et d'apporter leur pierre à la pyramide de l'Histoire ». Parmi ces populations, il en est qui ne possèdent pas l'expérience politique de leurs voisines; mais c'est une chose qui s'acquiert par l'éducation démocratique, au cours de la vie politique même.

Nous avons également vu que, pour constituer une nation, c'est-à-dire un ensemble de nationalités plus l'Etat, certaines conditions devaient être remplies. Elles se résument dans la *conscience de communauté* et il en découle, nécessairement, le *consentement à l'union*. La Belgique, qui comprend deux nationalités, une de race française, l'autre d'origine bas-teutonne, est un magnifique exemple de cette conscience de communauté et de ce *consentement*. Ses citoyens meurent pour elle.

D'autre part, il est évident que, pour donner naissance à cette conscience de communauté, ou de nationalité, il est nécessaire de découvrir l'élément qui pourrait la déterminer. Or, ce facteur, dont l'importance n'échappera à personne, existe dans l'*intérêt*, dans le bien-être économique, dans l'état social même des populations habitant cette région. C'est pourquoi nous avons montré les effets de l'union économique de ces peuples, pour chacun séparément, ainsi que dans leur rapport à l'économie universelle.

Nous estimons, en effet, que, dans cette idée économique, résident les fondations sur lesquelles il serait possible de baser le consentement des peuples de cette vallée. Nous pensons que lorsqu'ils auront conscience de leur *communauté d'intérêts*, ils verront sous un jour nouveau leur *communauté d'origine, de langues, de coutumes, de facultés et même d'Histoire*. Et, ils envisageront alors d'*eux-mêmes* la constitution d'un Etat nouveau; ils voudront être citoyens de la Nation rhénane, tout en demeurant Belges, Hollandais, Bâlois, Bernois, Vaudois ou Genevois. Le principe de confédération se présentera de lui-même à leur esprit et comme leurs intentions formelles seront de s'assurer, par la Paix, de la Liberté et du Travail, ils exigeront de l'Etat nouveau qu'il soit neutre selon une formule émanant d'*eux-mêmes*. De leur communauté d'intérêts, naîtra une *conscience* de nation et il en découlera un besoin de neutralité, comme base de leur existence nationale.

L'Etat nouveau du Rhin mérite donc l'examen; il doit être discuté de mille manières afin que son idée s'implante dans les esprits des populations de la vallée du fleuve. Pour cette raison, il est encore nécessaire de développer le côté économique.

★

Mais, à l'Etat nouveau du Rhin, élaboré de toutes pièces par le consentement des peuples habitant la vallée, il existe une alternative qui constituerait un moyen terme, entre le séparatisme économique actuel, ou plutôt, antérieur à la guerre, et la Nation rhénane, unité politique et économique. Ce moyen terme offre naturellement l'inconvénient de tous les moyens termes; par exemple, il n'y a pas de milieu entre la Liberté et l'esclavage, entre la démocratie et la dynastie, entre les institutions représentatives et l'irresponsabilité des dirigeants. Lord Acton nous dit, dans son « Histoire de la Liberté » (je cite Lord Acton de préférence à

Michelet, parce qu'il était « conservateur », et que, pour cette raison, ses opinions sur la liberté étaient forcément plus réfléchies et par suite moins imaginatives que celles de Michelet) : « La combinaison de différentes nations en un Etat est une condition aussi nécessaire pour la vie civilisée que le groupement des hommes en société... C'est dans le creuset de l'Etat que s'opère la fusion par laquelle la vigueur, les connaissances et les facultés d'une partie de l'humanité se communiquent à une autre... La co-existence de plusieurs nations dans le même Etat est *une épreuve* en même temps que la *meilleure garantie de sa liberté*. C'est également un des principaux instruments de civilisation. » Et plus loin : « Cette co-existence est de l'ordre naturel et providentiel ; elle indique un degré d'avancement plus considérable que le simple nationalisme, idéal du libéralisme moderne. » Nous devons donc en conclure qu'il ne saurait exister de milieu politique entre la situation respective des peuples du Rhin, à l'heure présente, et leur constitution en un Etat de nations. Les pavillons peuvent changer de couleur, mais la situation politique ne sera pas modifiée ou bien elle *sera un Etat nouveau*.

Toutefois, nous avons vu dans le précédent

chapitre que le monde était devenu une Grande Association commerciale. Les frontières politiques n'existaient plus pour le négociant et le banquier. Le développement matériel *avait dépassé* le développement politique. Et, tout naturellement, la question se pose de savoir si le moyen terme, l'alternative à l'Etat nouveau, ne pourrait être d'ordre économique; si dans l'union des intérêts ne se trouverait pas une *formule supérieure* à l'état actuel ?

*

Plusieurs Etats occupent la vallée du Rhin et cinq régimes douaniers y fonctionnent (belge, hollandais, français, suisse et allemand). Cinq barrières de tarifs, plus ou moins élevés, plus ou moins protectionnistes ou libre-échangistes, font de cette vallée une sorte de boîte à compartiments. Dans chaque compartiment se trouvent des industries dont les produits ont un marché intérieur qui est restreint par les cloisons séparant les cases. Certaines sont favorisées par une vue sur la mer, qui leur fait entrevoir des débouchés extérieurs; d'autres expédient leurs produits à l'Ouest ou à l'Est; un dernier est complètement enclavé par les cloisons. Il dispose, cependant, d'une énergie radioactive considérable, mais qui est confinée et inutilisée. Si on détruisait d'un seul coup toutes ces barrières, la région entière aurait une vue imprenable sur la mer la plus fréquentée; elle apercevrait les marchés extérieurs à portée de la main et n'aurait pas besoin de passer par l'Ouest ou par l'Est, de faire des contours, pour les atteindre. Toutes les cloisons étant enlevées, le marché *intérieur s'élargirait, il quintuplerait* d'un seul coup pour les industries de chaque compartiment. Et, toutes seraient immédiatement favorisées de puissants moyens de transport, les mettant en communication avec la mer, *par la voie la plus directe et la plus courte.*

Comment réaliserait-on l'union économique qui briserait les barrières intérieures? Il n'est pas besoin d'être expert pour comprendre que la suppression des cloisons élevées entre les compartiments économiques de la vallée implique l'idée d'une entente, d'une sorte de *Zollverein,* ou union douanière. Cet arrangement comprendrait naturellement une masse énorme de traités; un prodigieux travail d'unification économique. Et, comme mesure préparatoire, une tâche formidable d'éducation. Que de discussions en perspective sur tous les sujets : tarifs douaniers, tarifs de transport, réforme des impôts, unification des lois commerciales, et sur les sociétés, coopération des groupements financiers, lois ouvrières, assurances sur la vie, etc., etc. ! Infernal chaos d'organisation sociale qui rappellerait les temps du Moyen Age ! Franchement, la Féodalité avait des principes et des ordonnances plus simples que tout ce qui existe actuellement dans la vallée du Rhin ! Mais, procédons méthodiquement !

*

La base essentielle de cette union économique serait, nous l'avons dit, le régime douanier de toute la région et, à cet égard, il semble impossible d'envisager le maintien des barrières existantes à l'intérieur de la vallée. Il faudrait donc établir une frontière douanière qui suivrait la limite de partage des eaux du bassin du Rhin; dans ses grandes lignes, cette frontière partirait de la mer du Nord, à l'Ouest de la Belgique, et aboutirait à la Suisse, englobant les bassins secondaires de l'Escaut et de la Meuse; puis elle contournerait la Suisse à l'Ouest, au Sud et à l'Est; ensuite, elle suivrait la limite des crêtes du Jura de Souabe, les monts de Bohême et, passant au Nord du Main, rejoindrait la frontière hollandaise, pour retrouver la mer du Nord, à l'Ouest de l'embouchure de l'Ems.

Immédiatement, se présente à l'esprit l'objection des droits souverains des Etats à travers les territoires desquels passerait le nouveau cordon de douanes. Comme ce régime engloberait la totalité de la Belgique, de la Suisse et de la Hollande, laissons de côté, pour l'instant, ce qui concerne ces trois nations. Restent en présence la France et l'Allemagne.

A ce sujet, nous ne tiendrons aucun compte des frontières politiques éventuelles. Quelles qu'elles soient, elles ne sauraient modifier les lignes géographiques du bassin du Rhin. Mais il apparaîtra clairement que, si la France touchait à ce fleuve par l'Alsace, son intérêt dans la question serait beaucoup plus actif que dans le cas contraire. Quoi qu'il en soit, voyons quel serait le régime économique des territoires enclavés d'une manière ou d'une autre dans le bassin du Rhin et qui feraient partie de divers Etats.

Existe-t-il des précédents ? C'est-à-dire existe-t-il des conventions en vigueur, qui attribuent à certaines parties du territoire d'une nation un régime économique différent de celui de tout l'Etat ? A la question ainsi posée, on peut répondre par l'affirmative en citant la convention entre la Suisse et l'Allemagne, du 21 septembre 1895, au sujet de l'enclave de Büsingen, et celles entre la France et la Confédération Helvétique, des 14 juin 1881 et 23 février 1882, relatives à certaines parties de la Haute-Savoie et du pays de Gex, dans le département de l'Ain[1].

Prenons les conventions franco-suisses ; ce sont les principales. Elles instituent une sorte de zone de libre-échange absolu dans certaines sections du territoire français situées près de la frontière suisse. Ces régions sont économiquement rattachées au canton de Genève, où elles vendent leurs produits et achètent tous les articles dont elles ont besoin. Les douanes suisses exercent leur juridiction à la frontière politique, mais le cordon des douanes françaises ne se tient que sur la limite de la zone dite « franche », en deçà de la frontière politique. Il existe une sorte de zone du même genre sur la fron-

[1] On pourrait citer aussi, au besoin, le régime des colonies de certains Etats.

tière franco-belge, mais elle n'a trait qu'à certains articles des Monopoles d'Etat et les cordons de douanes suivent la frontière politique même.

Le régime des zones de Savoie est donc purement libre-échangiste. La France et la Suisse peuvent y déverser leurs marchandises sans entraves douanières; par contre, la zone est entourée de tarifs dont les plus élevés sont situés vers la France. Et les habitants de cette zone sont très prospères, car ils possèdent de l'initiative; ils sont travailleurs et économes et ont su attirer des capitaux genevois pour la construction d'usines, etc. Si ces régions étaient demeurées sous le régime douanier français, elles ne seraient devenues que des contrées éloignées de tout centre commercial et financier. Cependant, il est question de dénoncer les conventions relatives à ces zones; la seule raison donnée à cet égard est d'ordre politique.

En outre, les conventions franco-suisses relatives à la zone de Haute-Savoie sont complétées par une entente militaire. Les régions en question, alors qu'elles appartenaient encore à la maison de Savoie, ont été déclarées *neutres* politiquement, par le Congrès de Vienne. Voici, d'ailleurs, le texte de l'acte du Congrès, en date du 20 novembre 1815, qui touche cette question :

« Les Puissances reconnaissent et garantissent également la neutralité des parties de la Savoie, désignées par l'acte du Congrès de Vienne du 29 mars 1815 et par le traité de Paris de ce jour comme devant jouir de la neutralité de la Suisse de la même manière que si elles appartenaient à celle-ci. »

Ces régions ont été cédées à la France en 1860, mais cette dernière a religieusement respecté le texte précité et, durant la guerre actuelle, elle a échangé des notes à cet égard avec la Suisse, s'abstenant de maintenir la moindre garnison dans ces pays, le Faucigny et le Chablais.

★

Il y a dans ces faits une formule à retenir; ces régions sont administrées politiquement par la France; elle y perçoit ses impôts; elle y exerce ses droits de souveraineté, en ce sens qu'elle y effectue le recrutement nécessaire à son armée, mais elle n'y maintient aucune garnison. Tous les habitants de ces territoires jouissent de leurs droits civils et remplissent leurs obligations comme les autres citoyens français; la seule distinction à faire, à leur égard, est qu'ils ne sont pas sous le régime protectionniste de la France, mais en *libre-échange*. Ils n'ont élevé aucune barrière de tarifs contre leurs voisins, mais il en existe deux, différentes, contre eux. *Et, en cas de guerre la concernant, la Suisse aurait le droit de les occuper pour sa propre défense.*

Cet exemple de région économique distincte du système douanier et de la défense militaire du pays dont elle fait partie peut nous servir en ce qui concerne le Rhin.

Admettons une entente internationale, signée des puissances et qui, *dans l'intérêt de la politique européenne,* étendrait à toute la vallée du Rhin la formule de neutralité du Congrès de Vienne. Et admettons que cette convention soit complétée par l'établissement d'une zone internationale de *libre-échange entre toutes les parties constituantes du bassin du Rhin.*

Chaque Etat souverain conserverait ses droits sur les territoires nationaux qui seraient enclavés dans cette zone, en ce qui concerne les impôts, l'administration civile et judiciaire, le recrutement, etc. Les habitants jouiraient de leurs droits politiques exactement comme leurs concitoyens des territoires non enclavés, etc. La situation politique de la Suisse ne serait en rien modifiée, mais la Belgique et la Hollande y gagneraient une amélioration en ce sens que leur inviolabilité serait garantie par les Puissances signataires des conventions, ainsi que par une sanction de Force à l'appui du Droit ce que nous verrons plus loin.

Quant à la France et à l'Allemagne, il résulterait pour elles l'obligation de ne pas maintenir de garnisons dans les territoires enclavés; elles y effectueraient leur recrutement, il est vrai, mais leurs forces armées devraient se tenir en deçà de leurs cordons douaniers. Libre à elles de créer, sur cette limite, des tranchées-frontières. *Dans tous les cas, il ressort de ce système que toute irruption de troupes en armes, soit du côté de la France, soit du côté de l'Allemagne, dans la région neutralisée militairement et économiquement, pourrait être considérée comme une violation des traités garantis par toutes les Puissances.*

A cet égard, il faut retenir le fait que la Belgique, la Hollande et la Suisse conserveraient leurs armées dans leurs territoires respectifs, c'est-à-dire, dans la région neutralisée.

Elles auraient ainsi à subir le premier choc de tout assaillant, mais elles seraient, dans ce cas, en mesure de mettre *trois armées sur pied* et seraient, évidemment, aidées, à bref délai, par les armées d'un quatrième Etat. C'est-à-dire, que, si l'Allemagne tentait une agression, en violant les traités de neutralité, elle aurait à faire face aux armées Belge, Hollandaise, Suisse et Française, sans compter l'appui éventuel des puissances signataires. Et, on en connaît au moins une qui ne manquerait pas à sa signature !

★

Il est clair, à prime abord, que la Suisse, la Belgique et la Hollande, encourraient, du fait de cette convention, une obligation internationale qui ne figure pas dans la charte actuelle de leur existence. Mais en ce qui concerne la Suisse, cette dernière n'est-elle pas, théoriquement, la seule puissance garante de l'inviolabilité de la zone neutre de Haute-Savoie ? Cette région n'est pas comprise dans son territoire national et cependant, *elle serait défendue par la Suisse*, le cas échéant. D'autre part, la Hollande n'est-elle pas intéressée, avant tout, à la protection des bouches du Rhin, de la Meuse et de l'Escaut ? Elle est responsable, à cet égard, envers l'Europe, d'après les Actes de Séparation de 1831. La Belgique n'a-t-elle pas les meilleures raisons du monde pour se méfier d'une violation quelconque de neutralité, même dans une région qui serait éloignée de ses frontières politiques ? Au fond, si la Belgique, la Hollande et la Suisse étaient appelées à défendre la neutralité de la zone rhénane, de concert avec l'une ou l'autre des puissances dont certains territoires seraient enclavés dans la vallée, c'est parce qu'elles feraient partie d'une union économique édifiée dans leur propre intérêt. En protégeant la zone, elles défendraient leur poche, et elles ne sauraient prétendre à tous les avantages économiques d'une union douanière, sans encourir les obligations internationales qu'elle comporte.

Toutefois, il y aurait dans les conventions mêmes, la possibilité de préserver leurs droits de souveraineté à cet égard. La neutralité de cette région, ainsi que nous l'avons vu, ne serait pas seulement d'ordre militaire; elle serait également économique. Or, c'est dans ce point que nous trouverons un moyen de créer un organisme de sanction.

★

En principe, l'Union économique et douanière de la vallée du Rhin assurerait entre toutes les parties de ce bassin, un libre-échange absolu. Cependant, toutes les industries de la région ne pourraient s'accommoder de ce régime, dès le début; une période de transition serait nécessaire pour qu'elles puissent s'adapter graduellement aux conditions nouvelles de leur existence. Il ne saurait être question, à cet égard, de rétablir les compartiments, c'est-à-dire, les barrières intérieures; d'ailleurs, ces industries sont assez puissantes, en elles-mêmes, pour s'assurer la prédominance sur le marché indigène. Mais il pourrait être nécessaire de les protéger quelque peu contre une vigoureuse poussée commerciale venant de l'extérieur, contre le *Dumping*; en outre, il y a la question budgétaire : les Etats ont besoin d'argent et les douanes ont toujours fourni un moyen facile de s'en procurer.

Par conséquent, il faut envisager l'élaboration d'un tarif douanier autour des limites zonières et de ce chef découle la nécessité de l'établissement d'une administration internationale des douanes (entre les Etats participants). Mais, comme cette dernière aurait des problèmes très épineux à résoudre, étant donnée l'immense importance économique de la région, il serait peut-être utile de lui adjoindre soit un Parlement douanier, soit une Commission Internationale de Politique économique.

Le pas serait alors vivement franchi vers la Commission Internationale de neutralité ! En effet, l'Union économique et la Neutralité politique de toute la région, *ne sauraient être disjointes*. La Neutralité politique de tout le bassin ne se comprendrait pas sans l'Union économique et cette dernière ne saurait exister seule. Toute *neutralité politique*, sans union douanière, laisserait la situation économique en l'état actuel, c'est-à-dire que le bassin du Rhin resterait divisé en compartiments et qu'il n'en résulterait, pour les participants à la neutralité, aucun avantage compensant l'obligation internationale qui découlerait des traités. Et, toute *Union économique*, qui ne reposerait pas sur un Traité de Neutralité perpétuelle, serait à la merci d'une dénonciation ou des circonstances locales dans chacun des Etats participants. Elle contiendrait, nécessairement, *une clause de résiliation*, car les Etats qui la signeraient ne sauraient abdiquer leurs droits souverains au point d'engager leur avenir économique à perpétuité.

Pour ces raisons, la Commission Internationale serait précisément instituée : 1° *en vue de modifier le régime économique de la vallée selon les circonstances*, et 2° *en vue de représenter les droits souverains des Etats, pour ce qui concerne plus particulièrement la neutralité politique de la région.*

Son rôle serait donc administratif et consultatif. Elle examinerait et réglerait la répartition des recettes douanières, ainsi que toutes modifications aux tarifs, etc. Elle initierait tous projets de législation commerciale, afin d'assurer, dans la région, une sorte d'unification économique et financière. Et elle examinerait tous problèmes qui lui seraient soumis par les Etats participants.

Il ne saurait être question de donner à cette Commission le pouvoir de décider la guerre ou la paix, mais, à cet égard, les Etats participants devraient s'engager à la consulter concernant toute violation de la neutralité. Son rapport constituerait alors une sorte de jugement, que les membres de la Commission signeraient au nom de leur Etat respectif. Il va de soi qu'il pourrait y avoir un rapport de majorité et un rapport de minorité; les délégués signant le jugement en faveur duquel ils se seraient prononcés.

Reste à savoir comment les minorités considéreraient leur situation. Il est évident que, dans le cas de minorité, une sanction supérieure s'imposerait; on pourrait la trouver, par exemple, devant le Tribunal de La Haye pour toutes les questions économiques relatives à l'Union.

Mais, en ce qui concerne les problèmes ayant trait à la neutralité politique et militaire, il est clair que leur solution exigerait une autre sanction. Le Droit n'est un droit que s'il est appuyé par la Force. Par conséquent, *les minorités devront prendre l'habitude de céder*, si elles veulent vivre.

La France a tout intérêt économiquement et politiquement à ce que sa frontière du nord-est soit neutralisée d'un bout à l'autre. Elle l'est déjà, en vertu des traités, au nord, par la Belgique, au sud, par la Suisse. C'est entre ces deux points que réside le nœud de la question pour elle. La simple neutralisation politique de l'Alsace-Lorraine ne suffirait pas à cet égard, car, en cas de violation de la neutralité de cette région, l'Allemagne pourrait alors être promptement en possession du bassin de

Briey, qui contient les mines actuellement mises à contribution pour le matériel de guerre des Empires du Centre. Il ne suffirait même pas que la région neutralisée s'étendît jusqu'au Rhin. Le danger d'un passage des armées par la Belgique subsisterait entièrement, car la concentration des forces militaires allemandes pourrait s'effectuer sur la rive orientale du Rhin et la guerre serait fatalement portée dans la région de la rive gauche, sous le bénéfice de la surprise.

La neutralité de l'Alsace-Lorraine ou de la rive gauche du Rhin ne réaliserait donc pas un état d'équilibre; il faut pour cela que *tout le bassin du Rhin soit neutralisé.* C'est dans cette mesure que réside la sanction de force. L'armée hollandaise déclenchée, pourrait alors tourner le Rhin et occuper la Westphalie avant que la concentration allemande pût se faire sur le fleuve, en admettant même l'hypothèse de la surprise. Cette position de flanc est supérieure, stratégiquement.

La frontière française serait ainsi protégée, non plus sur deux points, mais partout et *sur une grande profondeur,* par les armées belge, hollandaise et suisse. Et, d'autre part, ces armées auraient l'avantage stratégique, indéniable, d'être en mesure de s'assurer des gisements houillers de Westphalie et du bassin de Briey avant que l'Allemagne ait eu le temps de s'en emparer. La situation de la Hollande, de la Belgique et de la Suisse est capitale, à cet égard. Leurs armées flanqueraient la région de concentration des forces allemandes ! La Hollande pourrait occuper la région minière et industrielle de Westphalie sans coup férir !

★

Il y a dans cette situation même la base d'une sanction. Si la France violait la neutralité de cette région, elle perdrait tout le bénéfice de la neutralisation de sa frontière orientale, qui serait alors complètement ouverte aux armées coalisées, l'armée belge couvrant le bassin de Briey, sans compter l'intervention possible des autres signataires des traités. Quant à l'Allemagne, toute violation de sa part la priverait, précisément, du *seul centre industriel qui pourrait lui permettre de se lancer dans une politique d'agression.* Elle ne disposerait plus que des usines de Silésie, absolument insuffisantes, et la maîtrise de la mer l'empêcherait de se ravitailler à l'extérieur en fer, charbon et matériel de guerre.

Il est clair que la base même de la neutralité de la zone rhénane réside dans ses ressources industrielles et que leur possession serait assurée aux armées vengeresses par la neutralisation militaire. A la moindre violation des traités, par la France, toutes les ressources tomberaient aux mains des coalisés et sa frontière serait ouverte; si la violation était causée par l'Allemagne, *ipso facto,* toutes les ressources de la région tomberaient aux mains de l'autre parti. Et l'Allemagne ne saurait poursuivre une guerre dans ces conditions : frontière ouverte et absence de moyens industriels[1].

Il y a, certainement, dans ce mode de sanction, une idée à creuser. C'est l'union économique qui fournit la base sur laquelle repose la neutralité politique et, par ce principe, le jeu des forces industrielles est entièrement déterminé par le Droit et non plus par le hasard géographique. Au moyen de l'Union économique, les armées du Droit disposeraient de toute la puissance industrielle et les leçons de la guerre nous démontrent que cette puissance a une im-

[1] Elle serait dans l'obligation de se concentrer sur l'Elbe !

portance incontestable. Ce serait en quelque sorte la « Maîtrise de la Mer », *exercée sur terre.*

C'est le cas de dire que la Force alors appuierait le Droit. Et, quand les nations participantes de la vallée du Rhin auraient conscience de cette loi, quand elles auraient compris que la doctrine de : « Tu ne tueras pas impunément », pourrait être appliquée à l'Etat aussi bien qu'au criminel et au rebelle; elles prendraient la bonne habitude *de céder lorsqu'elles se trouveraient en minorité.* Je vois dans le principe de la sanction économique, la base des Etats-Unis d'Europe, peut-être même, du monde !

★

Maintenant, le rôle de la Belgique, de la Hollande et de la Suisse n'a été que sommairement expliqué dans ce qui précède; il importe de le définir plus clairement. Nous avons supposé la création d'une zone neutralisée politiquement et économiquement et nous avons vu que, par suite des traités couvrant cette mesure, les trois petits Etats de la vallée du Rhin se verraient dans l'obligation d'intervenir dans le conflit, en cas de violation d'une partie quelconque de la zone. En somme, les occupants de la vallée du Rhin seraient solidaires dans leurs engagements, car ils participeraient tous aux avantages de l'Union économique. Ces petites nations auraient-elles intérêt à souscrire à une convention de ce genre ?

Observons à ce sujet que l'usage international adopte de plus en plus le principe de neutralité en faveur des petites nations souveraines. Le Congrès de Vienne a reconnu l'inviolabilité de la Suisse sur la demande de cette dernière; la formule, nous l'avons vu, émanait *d'elle-même*, c'est-à-dire, qu'elle impliquait le *consentement*. La formule belge : « La Belgique est *tenue* », indique l'obligation, La formule couvrant les Iles Ioniennes, de 1864, est aussi de l'ordre pénal; par contre, l'entente franco-suisse signée durant la guerre actuelle et relative au Faucigny et au Chablais, est nettement due au *consentement* de la France.

D'autre part, nous avons dit que le consentement était tout aussi essentiel à l'Union de plusieurs peuples sous un même Etat, que la conscience de communauté est nécessaire comme preuve de nationalité. Nous insistons particulièrement sur ce *consentement*, parce que l'Union rhénane ne saurait être réalisée autrement que par l'action de l'opinion publique, sur la demande des nations, désireuses de Paix, de Travail et de Liberté. *Et le consentement fournirait les meilleures armées* !

Ce sont donc les peuples de la Belgique, de la Hollande, de la Suisse, etc., qui devront demander d'*eux-mêmes* la neutralité politique des territoires Rhénans et qui l'interprèteront souverainement, par la Commission Internationale et « dans les intérêts de la politique européenne ».

Au fond, si ces trois nations étaient solidaires dans l'exercice de leur neutralité, cette solidarité n'aurait d'autre but que *d'affirmer d'une manière plus éclatante le principe même de la neutralité volontaire et perpétuelle.* Qui toucherait l'un, atteindrait les autres, parce que tous seraient neutres et cette union défensive ne saurait que *justifier la neutralité* ! D'autre part, les petites nations n'ont pas d'autres moyens de se défendre; elles ne sont protégées que par les traités qui les régissent. Mais leur neutralité implique une sanction, celle des puissances garantes: c'est-à-dire une *solidarité éventuelle* !

En somme, les petites nations ne sauraient survivre, durant cette ère de traités déchirés, qu'en raison de la protection des Grandes Puissances. Et que la violation de neutralité ait eu lieu à l'égard de la Belgique plutôt que de la Suisse (en août 1914), cela n'importe pas; le principe même de la neutralité perpétuelle a été atteint par ce fait.

Il existe donc dans le principe de neutralité, une cause de solidarité; preuve en soit l'intervention britannique. Or, c'est dans cette solidarité même que réside la valeur des traités de neutralité. Par suite, les trois petits Etats auraient un grand intérêt politique à affirmer leur neutralité solidaire. L'avenir des petites nations ne pourra d'ailleurs être assuré qu'à ce prix.

En effet, une petite nation parmi d'autres petites nations est une chose; mais une petite nation parmi de grandes nations est d'ordre très différent. Tout est relatif; Athènes s'en aperçut quand la Macédoine l'écrasa; Charles Quint a promptement étouffé Florence et Guillaume II n'a guère hésité devant la Belgique. Or, l'union des petites nations ou nationalités sous un Etat supérieur, de leur propre consentement, serait une sauvegarde pour toutes ; exemple, la Grande-Bretagne. Par conséquent, la solidarité dans la neutralité est une politique naturelle pour les petits Etats souverains.

★

A cette question de neutralité, s'ajoute, nous l'avons dit, l'Union économique. Sans cette dernière, la nécessité de la solidarité serait exclue. Les avantages économiques seraient-ils de nature à emporter le consentement si les peuples n'envisageaient pas la nécessité politique de solidariser leur neutralité ? A cet égard, la réflexion démontre que les peuples de la vallée du Rhin auraient le plus grand intérêt à réaliser l'union économique, car, pour les raisons déjà exposées, ils trouveraient précisément dans cette union la sauvegarde de leur neutralité. Le jeu des forces industrielles que nous avons expliqué plus haut s'appliquerait également aux neutres indépendants. Tout se tient, tout s'enchaîne; l'intérêt économique prime toute considération, car il est la sauvegarde de la neutralité même !

Enfin, les Etats neutres seraient représentés à la Commission Centrale ou Internationale. Ils disposeraient de la majorité des sièges. Cette Commission Internationale ne comprendrait que des délégués de chaque Etat participant à l'Union économique et qui voteraient par Etat.

Elle interpréterait *elle-même* les principes de sa neutralité et son intérêt économique dicterait à chacun des Etats la conduite à tenir. Mais, dans tous les cas, il est évident que, par la composition même de cette Commission, la solidarité de neutralité s'imposerait au cours de toutes les délibérations... ainsi que la sanction redoutable du jeu des forces industrielles et de l'intervention possible ! Je n'en dis pas plus ; la discussion est ouverte !

★

Et, maintenant, voyons quelles seraient les conséquences de cette zone neutralisée, au point de vue économique et politique. Nous avons dit, au début de ce chapitre, que la zone internationale de la vallée du Rhin n'était qu'une alternative à l'Etat nouveau, un moyen terme d'ordre économique. Et, nous avons ajouté que tous les moyens termes comportaient des inconvénients.

L'un des principaux serait le dénivellement possible des tarifs douaniers qui entoureraient la zone, c'est-à-dire, qu'il y aurait des tarifs douaniers différents, tout autour de la région.

Ce cas peut se présenter également pour l'Etat nouveau. Mais, à ce point de vue, l'Etat du Rhin serait dans une meilleure situation que la zone rhénane. Il pourrait toujours prendre des décisions plus rapidement et négocier des traités de commerce, de manière à modifier les effets du dénivellement des tarifs étrangers. Par contre, la Commission Internationale de la zone rhénane ne pourrait que donner un avis ou initier une mesure ; *les décisions à prendre seraient du ressort de cinq Parlements différents.* D'où, problèmes à discuter, possibilité de conflits. Et il ne faut pas oublier que deux des participants seraient toujours en discussion avec les autres, sur ces sujets, par suite de l'intérêt général des pays dont une partie seulement serait enclavée dans la vallée. Les délégués de la France et de l'Allemagne auraient à tenir compte de l'intérêt général de leur pays; les autres en feraient peut-être autant. Mais, au fond, la zone rhénane ne serait qu'un foyer d'intérêts particuliers; l'Etat nouveau du Rhin, lui, n'aurait en vue que l'intérêt général.

Puis, il y a la question politique. Aucun des Etats souverains, dont les territoires seraient compris en totalité ou en partie dans la zone, ne consentirait à l'uniformité des armements et de l'organisation militaire. Le cas serait très différent pour l'Etat du Rhin.

Ensuite, la zone rhénane n'éviterait pas le danger économique de l'hégémonie prussienne. Son régime laisserait subsister l'unité allemande et rien ne pourrait empêcher l'Allemagne d'établir des tarifs douaniers lui permettant de s'approvisionner en matériel de guerre, dans la zone même. Par contre, l'Etat nouveau briserait définitivement l'Unité allemande.

Enfin, la zone rhénane n'éviterait pas absolument toute guerre économique. Elle instituerait certainement un centre de changes, mais par suite du jeu des tarifs en France et en Allemagne et en raison même de son existence, comme terrain de libre-échange, elle constituerait une sorte de vase communicant, laissant passer chez l'un et chez l'autre des groupements économiques en guerre, les produits de chacun. Ce qui serait une source de complications. Et, le groupement financier qui résulterait de la création de l'Etat nouveau ne se réaliserait pas dans la zone rhénane, où chaque section emploierait son Epargne, selon ses inclinations. L'Etat nouveau pourrait subordonner la finance de la région à sa diplomatie économique, par une législation d'intérêt général;

la Commission de la zone ne saurait obtenir de cohésion à cet égard, en raison de la présence des intérêts français et allemands.

★

Pour conclure : la zone rhénane qui assurerait l'intégrité politique de ses participants et leur apporterait de grands avantages économiques, offrirait, par contre, de très grands inconvénients. Toutefois, ces derniers s'atténueraient à la longue, sous les effets du régime économique. Ce dernier, en effet, tendrait à centraliser les moyens de communication, ainsi que le mouvement commercial vers les deux grands ports de la vallée ; les forces industrielles de la région subiraient alors fatalement l'influence ambiante et faciliteraient le développement rationnel de la zone dans son sens naturel. Il en résulterait, chez les peuples de la vallée, une meilleure entente de leurs intérêts, entente qui pourrait donner naissance à la conscience de communauté essentielle comme fondation d'une nation ou d'un Etat.

En outre, les rapports plus fréquents entre citoyens français, belges, suisses, hollandais et rhénans[1], les mettrait plus souvent en contact; ils échangeraient des idées; ils s'enseigneraient les uns aux autres ce qu'ils savent et tous y trouveraient avantage; ils y gagneraient, qui, de la technique, qui, de l'expérience politique.

Et ils s'apercevront, dans le creuset de la vie commune, que les différences qui les distinguaient n'étaient que superficielles. Ils constateront leur communauté d'origine, de langues et de coutumes et dès qu'ils en auront conscience, individuellement, ils seront mûrs pour l'Etat supérieur du Rhin. Ils le voudront et le réaliseront d'*eux-mêmes*[2].

[1] On m'objectera qu'il subsistera de la Haine. D'accord, mais il faut vivre et nous ne sommes plus au temps de la chevalerie. Don Quichotte est mort. — La Haine ne nourrit pas.

Nous plaignons les Croates, les Polonais, les Tchèques, les Alsaciens-Lorrains. Nous les considérons comme des opprimés. Mais nous oublions que le Congrès de Vienne, auquel nous devons d'être libres, selon les principes de la Révolution, a fait des peuples rhénans les esclaves de la Prusse. Ils étaient libres, eux avant nous, dans leur féodalisme ; libres selon leur cœur, selon leur âme. Devenus prussiens contre leur gré, ils ont subi l'hégémonie de l'éducation prussienne. Ce sont des opprimés, sous le joug des Barbares. Leur civilisation est aussi ancienne que la nôtre et s'ils sont contre les Alliés, c'est qu'ils ne savent pas !

La Haine n'est pas de l'indignation morale : c'est un poison, un acide, qui corrode même l'esprit national. Méfions-nous de la Haine, ou nous perdrons notre Foi dans la Patrie !

[2] Je n'ai pas traité la question financière, et pour cause : la guerre dure encore...

CHAPITRE XI

Le Rhin International.

Nous n'avons pas parlé jusqu'ici du Rhin, considéré comme fleuve international, parce que, tout d'abord, c'est un sujet distinct. Cette question est d'une haute portée pour la Suisse, mais celle de l'Etat nouveau du Rhin et de la zone rhénane intéresse toute l'Europe. Ensuite, une sorte de propagande serait nécessaire pour réaliser l'Etat qui détruirait l'Unité allemande et écarterait les dangers qui menacent l'Europe. Or, cette propagande entraînerait une éducation des masses. Il faut donc qu'elle ait une base d'action. Par suite, nous considérons la question de la neutralisation de la navigation du Rhin comme la première étape à réaliser vers ce but. Et comme la Suisse est tout particulièrement intéressée à ce problème, il lui appartient de faire un effort en vue de sa solution. Pour ces raisons, le chapitre du Rhin International figure en dernier lieu dans cet ouvrage, car il expose un moyen de réalisation, le premier pas à faire vers la neutralisation de la vallée. De l'« internationalisation » du Rhin, doit découler l'idée de zone rhénane, puis celle de l'Etat supérieur du Rhin.

Le lecteur pensera que nous parlons du Rhin comme s'il n'était pas « international », ni neutralisé, puisque nous déclarons que la première étape à franchir est précisément de le rendre « international ». Il n'aura pas tort. En effet, le Rhin n'est international qu'entre l'Allemagne et la Hollande et il n'est neutre qu'au bénéfice de ces deux pays. La Suisse ne compte pas.

Il est dur d'avoir à admettre que les autorités suisses n'ont pu obtenir le droit de naviguer sur le Rhin, c'est-à-dire, de faire flotter la Croix-Blanche sur ce fleuve jusqu'à la mer, depuis plus de cent ans que la question est en discussion. Mais le fait est là : *la Suisse est exclue de la navigation sur ce fleuve,* non, précisément, par suite de la guerre, mais *parce qu'elle ne figure pas dans les traités internatio-*

naux qui régissent la matière. Nous avons un traité de *pêche* avec le Grand Duché de Bade (25 mars 1875) et un avec l'Alsace-Lorraine (14 juillet 1877); un traité de *régularisation* du Rhin, avec l'Autriche (19 septembre 1871) et, en fait de traités de *navigation* sur le Rhin, nous avons des ententes avec la Bavière, relatives au Lac de Constance et au fleuve, du Bas Lac jusqu'à Schaffhouse (2 mai 1853 et 22 septembre 1867), puis avec le Grand Duché de Bade, au sujet du parcours Neuhausen-Bâle, (10 mai 1879). Au delà de Bâle, *aucun traité* d'internationalisation du fleuve *ne nous garantit* le droit de transporter nos marchandises jusqu'à la mer. Si la Suisse a compté sur la lettre des déclarations de Paris 1814, de Vienne 1815 et sur l'entente dite internationale du 17 octobre 1868, elle a dû être détrompée par l'arrêt de la navigation survenu le 1er août 1914! Arrêt pour elle, s'entend, car l'Allemagne a continué son trafic sur le Rhin, jusqu'à la mer, jusqu'à Anvers, dans l'entière plénitude de ses droits, ainsi qu'il appert d'une note officieuse publiée dans la *Gazette de Francfort* (10 août 1916)[1]!

[1] Cette note annonçait le transport d'Allemagne à Anvers, sur les canaux hollandais, de 680.000 tonnes de *matériaux*.

Mais, en arrêtant la navigation, le 1er août 1914, l'Allemagne a remis en question les Actes du Congrès de Vienne qui concédaient à la Prusse des droits riverains sur le Rhin ! Ces Actes lui attribuaient, en effet, la province de *Rheinland* et répartissaient la Westphalie entre le Hanovre et le Brunswick, maintenant partie intégrante de l'Empire et de la Prusse. Comme cette dernière doit sa position riveraine à l'acquisition de ces provinces[1], il semble qu'elle aurait dû respecter l'esprit et la lettre des dits Actes, en ce qui concerne la navigation sur le fleuve. Il n'en est rien, ainsi que le démontre le fait que la Suisse ne peut actuellement s'en servir. D'ailleurs, *jamais ce cours d'eau n'a été accessible aux marines étrangères*, du fait de l'Allemagne, comme nous allons le voir.

★

La Convention Nationale, dans sa séance du 20 novembre 1792, arrêtait ce qui suit :

> « Les gênes et les entraves au commerce et à la navigation sont directement contraires aux principes fondamentaux du droit naturel. »

[1] Elle doit aussi au Congrès de Vienne, d'avoir une frontière commune avec la France.

Napoléon, Empereur, proclamait le 31 octobre 1810, la liberté entière de navigation sur le Rhin.

Le Traité de Paris, du 30 mai 1814, énonçait ce qui suit :

> « Art. 5. — La navigation sur le Rhin, du point où il *devient navigable* jusqu'à la mer et réciproquement, sera libre de telle sorte *qu'elle ne puisse être interdite à personne.* »

Reprenant quelque peu cette formule, le Congrès de Vienne, Actes du 9 juin 1815, déclarait :

> « Art. 108. — Les Puissances dont les Etats sont séparés ou traversés par une même rivière navigable s'engagent à régler d'un commun accord tout ce qui a rapport à la navigation de cette rivière... »
>
> « Art. 109. — La navigation du Rhin, sous le rapport du commerce, *ne pourra être interdite à personne.* »

Conformément à l'art. 108 des Actes du Congrès de Vienne, les puissances riveraines négocièrent un règlement de navigation. Les pourparlers commencèrent le 15 août 1816, à Mayence, et n'aboutirent au règlement dit de Mayence, que le 31 mars 1831. La commission avait ergoté pendant quinze ans sur la question de savoir si les mots « jusqu'à la mer », signifiaient « jusque dans la mer ». La Prusse insistait aussi sur des mesures de police de toute nature, dans le but — maintenant évident — d'empêcher les marines étrangères de naviguer sur le fleuve.

Il y eut, en 1844, une modification du règlement de navigation, puis, sous la direction de Bismarck, des conférences furent tenues à Mannheim, en 1867 et 1868, afin d'élaborer une révision générale des conditions de la navigation du Rhin. A ces conférences, assistèrent des délégués de la France, de la Prusse, de la Hollande, de la Bavière et des Grands-Duchés de Bade et de Hesse (pas de la Suisse). Le 17 octobre 1868, était signée la convention du Rhin, *ainsi qu'un protocole exigé par M. Ed. Moser, Ministre de Prusse.* Les ratifications de cet acte furent échangées le 17 avril 1869. L'Alsace-Lorraine a pris la place de la France, dans ce traité, le 4 novembre 1898. Mais la Suisse n'y figure à aucun titre et *elle n'a jamais été autorisée à envoyer des délégués à Mannheim, où tous les ans, le 1er juillet, s'est réunie la Commission Permanente de la navigation du Rhin, instituée par l'acte de 1868.*

L'entente internationale de 1868 énonce, en principe, ce qui suit[1] :

« ARTICLE PREMIER. — La navigation du Rhin et de ses embouchures, depuis Bâle jusqu'à la pleine mer, soit en descendant, soit en remontant, sera libre aux navires de toutes les nations pour le transport des marchandises et des personnes, à la condition de se conformer aux stipulations contenues dans les présentes conventions et aux mesures prescrites pour le maintien de la sécurité générale.

Sauf ces règlements, il ne sera apporté aucun obstacle, quel qu'il soit, à la libre navigation.

Le Leck et le Waal sont considérés comme faisant partie du Rhin. »

« ART. 7. — Le transit de toutes marchandises est libre sur le Rhin, depuis Bâle jusqu'à la pleine mer, à moins que des mesures sanitaires ne motivent des exceptions. »

Aucun article ne mentionne le cas de guerre; les mesures de sécurité générale ne concernent que la batellerie, mais, *in cauda venenum*, un scorpion se trouve dans le protocole qui accompagne le traité et le détruit. Ce protocole dit que l'« **égalité des pavillons est subordonnée aux traités de commerce** » **(de la Prusse).**[2]

[1] Nouveau recueil général des Traités, vol. XX.
[2] Ce n'est plus la libre navigation !

En ce qui concerne la Suisse, la perfidie est d'autant plus notoire que le traité de Paris reconnaissait la navigation sur le fleuve « du point où il devient navigable » (soit, Laufenbourg, d'après toutes les compétences). En 1815, le Congrès de Vienne reconnaissait, dans l'article 109, que la navigation sur le Rhin ne pouvait être interdite à personne et, naturellement, sur la *partie navigable du fleuve* (art. 108). C'est général, mais au point de vue économique et politique, la navigabilité d'une rivière peut toujours être étendue par des travaux de développement, car il n'existe pas de limitations économiques, même dans les traités de commerce. On ne saurait songer à *limiter, à restreindre,* l'évolution naturelle. Puis, la navigabilité d'un fleuve ne dépend pas de la capacité ou de la nature des bateaux qu'il peut transporter, mais simplement du fait même de la navigation, de son degré d'activité et de régularité. On a dit que la Suisse ne pouvait être comprise dans la convention de 1868, parce que le Rhin n'était pas réputé comme accessible en amont de Neuf-Brisach; c'est une simple assertion que controuve le texte même de la convention de 1868, car il a également trait au flottage du bois. D'autre part, il y a les autres traités de navigation de la Suisse concernant le Rhin en amont de Bâle !

Au fond, pour tous les fleuves internationaux sans exception, le droit des gens ne peut s'arrêter dans la voie du perfectionnement, pas plus que le développement économique. Si les libertés fluviales sont essentiellement conventionnelles, il n'en reste pas moins qu'elles proviennent en réalité du fait qu'un fleuve s'unit à la mer ouverte à tous et que le monopoliser, en accaparer l'exploitation, serait le détourner de sa destination normale. Les fleuves ne diffèrent pas entre eux, qu'ils appartiennent à un ou plusieurs Etats. Tous ont le même caractère et offrent au trafic universel la même utilité.

Cependant, observons que la convention de 1868 n'a trait qu'au Rhin conventionnel, *de Bâle jusqu'à la pleine mer.* Mais ce texte ne signifie pas, au fond, ce qu'il exprime; il veut dire *des confins du canton de Bâle,* c'est-à-dire *à partir de la frontière suisse.* Il exclut nettement la Confédération Helvétique du bénéfice de la navigation *libre* et, par l'effet du protocole mentionné, la navigation sur le Rhin est, en fait, subordonnée aux traités de commerce *de la Prusse* et partant, *de l'Allemagne.*

Voilà la véritable raison pour laquelle nous

avons, avant la guerre, projeté une société *suisse* de navigation, *avec capitaux allemands*. Voilà pourquoi, reprenant cette idée, nous venons de créer une société *suisse* de navigation de Bâle à la mer, *encore avec des capitaux allemands* et avec siège social à **Mannheim**, Allemagne. Ce dernier est *le pavillon couvrant la marchandise* ! Nous pouvons naviguer le Rhin, certes, mais... *sous pavillon étranger* ! LE RHIN EST ALLEMAND, malgré les Actes du Congrès de Vienne et en dépit de tous les traités !

Et, la liberté fluviale sur le Rhin n'est ni reconnue, ni pratiquée par égalité de tous les pavillons. Par exemple, les restrictions imposées par les articles 15 et 22 de la convention de 1868, sont dissimulées dans l'énonciation des conditions de délivrance des patentes de bateliers. Ces articles imposent à tout capitaine ou patron de bateau un apprentissage ou stage de plusieurs années (trois ans en moyenne), ainsi que le domicile dans un Etat riverain, et l'obtention d'un certificat constatant les qualités nautiques de son bâtiment. Ces précautions excluent forcément les étrangers et rendent illusoire la liberté de navigation dont il est fait état dans les articles Ier et VII.

C'est pourquoi, « l'étranger résolu à pratiquer la navigation sur telle ou telle région du Rhin, trouvera plus simple et plus avantageux de prendre l'indigénat ou, s'il s'agit d'une compagnie, de se transformer en société locale et renoncer au pavillon et à la protection morale ou effective de la nationalité de ses principaux coopérateurs ». (V. Engelhardt.)

Ainsi s'explique le fait que la Société *suisse* de navigation du Rhin ait son siège à **Mannheim** et que nous n'ayons jamais eu le droit de naviguer le Rhin, malgré la lettre de tous les traités.

★

Il n'existe donc pas sur le Rhin de liberté fluviale, *dans sa valeur utile,* comme un bien acquis à tous. La Convention Internationale de 1868 « trompe la confiance » (d'après : Engelhardt [1], « Régime des Fleuves Internationaux » 1879). Et la Suisse n'a aucun droit à faire valoir par cette convention. D'ailleurs, le fleuve est si nettement Allemand, que, le 2 septembre 1879, une entente spéciale intervenait entre les

[1] M. Engelhardt était délégué de la France à la Commission Internationale du Danube.

signataires de la convention de 1868 (l'Alsace remplaçant la France) au sujet du trafic des *explosifs*, en ampliation de l'article 32 de la dite convention ! Le cas de guerre était donc envisagé !

Et, la preuve que la convention de 1868 ne devait subir aucune restriction, en temps de guerre, c'est *que l'Angleterre a bloqué les bouches du Rhin* et que la Hollande et l'Allemagne ont convenu un arrangement spécial pour le transport de certains matériaux par les canaux hollandais jusqu'à Anvers, d'après la convention de 1868. A la lumière des traités, il est clair que ces matériaux consistaient en *munitions*. D'ailleurs, l'article de la *Gazette de Francfort* (17 juillet 1916) ne prête à aucune équivoque à cet égard.

Ajoutons, afin de mieux démontrer encore toute la perfidie de la convention de 1868, que les Grandes Puissances Européennes *(dont faisait alors partie la Prusse)*, se sont réunies en Congrès à Paris, en 1856, à la suite de la guerre de Crimée. Les Actes de ce Congrès gouvernent encore, de droit et de fait, un fleuve international où sévit actuellement la guerre, c'est-à-dire le Danube. Or, dans l'article 15 des Actes du Congrès de Paris de 1856, les Puissances déclaraient que *les principes du Congrès de Vienne concernant la navigation sur les fleuves internationaux seraient appliqués au Danube* et **ces mêmes puissances affirmaient solennellement que ces principes faisaient partie du Droit Public et qu'elles les prenaient sous leur garantie !** Douze ans après, le Rhin devenait allemand !

Mais, ces Puissances ont fait plus encore ! Elles ont institué une *garantie matérielle* de la libre navigation sur le Danube sous la forme d'une Commission Internationale. Et, le Congrès de Berlin de 1878, sous la présidence de Bismarck, a réorganisé cette commission qui, définitivement, prenait pied à la suite de la convention de Londres de 1883. Elle est maintenant perpétuelle.

Il y a dans ces faits quelque chose d'absolument extraordinaire; il y a là un précédent sur lequel nous devons nous baser pour revendiquer notre droit. Nous verrons plus loin la question de neutralité.

★

Ainsi, la Suisse qui appartient presque toute entière au bassin du Rhin (à l'exception du

Valais, du Tessin, d'une partie des Grisons et du Jura Bernois) et que ce fleuve parcourt sur une longueur de 456 kilomètres, soit plus du tiers de toute sa longueur, la Suisse ne possède pas le droit formel, *par traité*, de transporter, sous son pavillon, des trains de bois entre son territoire et la pleine mer, sur le cours d'eau qui prend sa source chez elle. Les principes fondamentaux des Actes du Congrès de Vienne lui concèdent la navigation sur ce fleuve, dans son propre territoire et jusqu'à la mer, mais la Prusse, qui a initié la convention de 1868, a pris soin de marquer la limite conventionnelle du Rhin navigable aux confins de l'Etat suisse, afin, sans doute, de lui imposer ses conditions de traités de commerce, son monopole du charbon et du fer et... son hégémonie économique !

Observons, en effet, que la restriction d'égalité des pavillons contenue dans le protocole de 1868, ne concerne que les *marines étrangères* et qu'au fond, la Suisse était manifestement une des *nations étrangères visées*, puisqu'elle ne figurait pas dans le traité international contre tout droit naturel et reconnu !

C'est comme si un locataire, habitant le sixième étage d'une maison, voyait un beau jour l'occupant des étages intermédiaires retirer l'escalier de sortie. C'est exactement ce qu'a fait l'Allemagne, le 1er août 1914, car les transports suisses sur le fleuve n'étaient que *tolérés; ils ne s'effectuaient pas en raison d'un droit.*

Il a existé de tout temps, il est vrai, des entraves à la navigation sur ce fleuve, mais le Congrès de Vienne avait déclaré qu'*elle ne serait interdite à personne,* précisément parce que *ce fleuve était international.* Cette obligation était imposée aux riverains... Or, la Prusse est devenue riveraine en raison des Actes mêmes de ce Congrès. Par suite, l'Allemagne, en remettant en question la formule du Congrès de Vienne, ne saurait prétendre que son acte soit purement *unilatéral.* Elle ne saurait déchirer un traité aussi important, sans endosser les responsabilités que son acte comporte.

La suspension de notre droit de jouissance de la navigation sur ce fleuve, droit concédé par l'article 109 des Actes du Congrès de Vienne du 9 juin 1815, remet donc en question toute l'œuvre du Congrès de Vienne. Je ne vais pas jusqu'à dire que cet acte de l'Allemagne soulève le problème de notre neutralité; mais il est certain *qu'il entache le titre de possession qui attribuait à la Prusse les territoires rhénans qu'elle a acquis en 1815 et en 1866.*

De fait, toute la question du Rhin est remise sur le tapis et, aux yeux du monde, l'Allemagne ne défend pas un droit, mais une conquête, non reconnue. Elle est en possession, mais sans titre ! Au point de vue international, nous en sommes au traité de Lunéville et à la Paix de Presbourg. De droit, le Rhin traverse actuellement *la Confédération du Rhin de 1806* : de fait, *il est allemand et non international* !

Naturellement, la question internationale ne concerne pas la Suisse. Mais notre neutralité, instituée sous la formule du Congrès de Vienne, nous donne le *droit absolu* de revendiquer toutes les prérogatives instituées par ce Congrès. Que dit M. Roget, professeur de droit international : *Tout traité international, comme toute convention particulière, ne vaut que par son co-respectif et ne lui survit pas.* C'est un principe absolu du contrat; toute convention est bilatérale ou elle n'est pas. Le droit commun ne reconnaît pas le contrat unilatéral ou « léonin », « mais, *dans le cas de la Suisse,* le co-respectif est l'*intérêt concourant* des Puissances. Celui-ci cessant d'exister pour l'une d'elles, la *convention est vidée de sa valeur réelle pour cette Puissance* et ne peut plus lui être utilement opposée si elle demande à en sortir. Pourquoi ? Parce que les traités de 1815 ont négligé d'entourer la neutralité suisse de garanties de l'ordre matériel. » Je cite encore les termes du professeur Roget.

Notre droit de navigation a donc été négligé, non seulement par le Congrès de Vienne qui en instituait le principe, mais depuis cent ans, *par la Suisse elle-même,* car elle a eu toutes les occasions possibles et imaginables de le revendiquer et de l'entourer de garanties de l'ordre matériel. La chose la plus singulière est que nous avons traité de la navigation sur le fleuve, pour le parcours qu'il effectue dans notre territoire, mais que nous n'avons qu'une *tolérance,* pour le reste !

Maintenant, les actes du Congrès de Paris, de 1856, et du Congrès de Berlin, de 1878, nous indiquent ce que nous devons demander, car les Puissances ont reconnu que la libre navigation du fleuve faisait partie du Droit Public et elles l'ont affirmé *sous leur garantie.*

La Suisse doit donc revendiquer la LIBERTE DE LA NAVIGATION SUR LE RHIN, conformément aux principes du Congrès de Vienne, figurant à la base même de son existence. Si nous n'obtenions pas ce droit formel, notre indépendance économique serait compromise — en admettant qu'elle existe — car, inévitablement, nous passerions du monopole des charbons et des fers, à l'Europe Centrale[1] ! C'est pourquoi les discussions qui portent sur le Rhône Libre et sur le canal du Rhin au Danube sont à côté de la question; nous devons, avant tout, revendiquer le RHIN LIBRE, parce que c'est notre Droit.

Tous les traités de commerce sont en suspens; des conditions spéciales régissent nos importations et nos exportations, mais le principe de notre neutralité subsiste, puisqu'elle a été reconnue au début de la guerre par tous les belligérants. Or, cette neutralité n'était pas « éventuelle », sujette à révocation ; elle était, de droit, « perpétuelle », c'est-à-dire, sans terme ni mode de renouvellement. Et le principe portant que la « navigation sur le Rhin ne pourra être interdite à personne » (Traité de Vienne, art. 108) était lié à notre neutralité; il faisait manifestement corps avec elle. Il doit donc subsister comme le principe même de notre

[1] L'interprétation allemande de la convention de 1868 le prouve et n'oublions pas que cette convention se traitait alors que le projet du Gothard était en discussion.

existence et notre Droit de naviguer sur le Rhin est clairement à la base de notre Indépendance économique[1].

★

De ce qui précède, il résulte que nous possédions le droit de naviguer le Rhin jusqu'à la pleine mer, mais que nous ne l'avons exercé depuis 100 ans que *par tolérance bienveillante de la Prusse*. Il faut que notre droit formel soit reconnu par cette puissance et pour cela, il faut que nous le revendiquions.

La Constitution nous indique ce que nous pouvons faire; l'opinion publique peut se manifester, au moyen d'une pétition. Demandons par pétition le droit formel à la navigation du Rhin, sur la base du Traité de Vienne, et nous déclencherons ainsi tout le problème du Rhin !

Toutefois, il faut bien savoir ce qu'on veut.

[1] Il est impossible de disjoindre notre neutralité de notre caractère de puissance riveraine d'un fleuve international. Nous sommes *neutres et riverains* du Rhin, de par les actes du Congrès de Vienne ! La navigation sur le Rhin a été proclamée libre par ce Congrès; c'est parce qu'elle ne l'est plus que nous sommes devenus tributaires des chemins de fer allemands !

Si nous demandions uniquement le droit formel de naviguer le Rhin, ce droit pourrait très bien ne plus subsister, en cas de guerre. Nous serions alors Gros-Jean comme devant. Il faut que ce droit de navigation soit lié à une sorte de neutralité. Nous sommes riverains du Rhin et neutres, d'après les principes du Congrès de Vienne, confirmés et garantis solennellement en 1856 et en 1878 par les Grandes Puissances. Notre neutralité, en effet, ne peut être distincte de notre situation riveraine du Rhin, parce que toutes les deux sont dans les « intérêts de la politique européenne ». *C'est à notre situation géographique que nous devons le caractère de notre neutralité.*

Or, la libre navigation d'un fleuve international ne saurait non plus être disjointe d'une sorte de neutralité. Il existe, par exemple, en ce qui concerne le Rhin, des précédents très intéressants à cet égard. En réalité, la navigation sur ce fleuve *a été neutralisée,* même en cas de guerre, par les traités élaborés conformément aux principes du Congrès de Vienne, *mais cette neutralité fut détruite par la Prusse en 1868.* En effet, dans la convention d'octroi conclue entre la France et l'Empire Germanique le 15 août 1804, à la suite du Traité de Lunéville, il était stipulé qu'en cas de rupture de la paix : « le prélèvement de l'octroi n'en continuerait pas moins régulièrement; les personnes et les embarcations attachées à l'administration de cet octroi seraient traitées comme neutres et des sauvegardes seraient données aux caisses publiques et aux bureaux de perception. » Il est clair que la navigation pouvait continuer en cas de guerre.

Au Congrès de Vienne, le baron de Humboldt, délégué prussien, voulut renouveler cet engagement et proposa la formule suivante : « Les belligérants auraient à respecter la liberté de navigation autant que cela serait compatible avec les opérations militaires. » Lord Clancarty, délégué anglais, appuya cette motion, mais le Congrès n'aboutit à aucun principe dans cet ordre, se contentant d'énoncer que les puissances riveraines règleraient, d'un commun accord, tout ce qui a trait à la navigation des fleuves internationaux, à la condition que, sous le rapport du commerce, la navigation du Rhin ne puisse être interdite à personne (art. 108 et 109).

Nous avons dit que les pourparlers engagés en vertu des articles 108 et 109 des Actes du Congrès de Vienne, avaient duré quinze ans et assuré l'institution du Règlement de Mayence du 31 mars 1831. Or, *ce règlement énonçait textuellement le principe de neutralité mentionné dans la convention d'octroi de 1804 et cité plus haut!* Les amendements de 1844 n'ont pas modifié cette situation, et la neutralité de la navigation du fleuve était devenue un fait si patent, qu'en 1866, lors de la guerre à laquelle participèrent quatre nations riveraines du Rhin, l'autorité de Coblence, interprétant le règlement général de 1831, annonça officiellement que : « les bâtiments de commerce pourraient continuer à circuler sur le fleuve, pourvu qu'ils se soumissent au contrôle des commandants militaires. ». Cette notification resta malheureusement lettre morte et les déprédations commises pendant les hostilités engagèrent la Hollande à demander, lors des négociations relatives à la convention de 1868, *que l'on reconnût d'une manière générale le principe de la neutralisation de la navigation du Rhin.* La Hollande se basait à cet égard, non seulement sur le principe fondamental de la convention de 1804 et du règlement de Mayence de 1831, mais encore sur *les garanties données par les Puissances (et par la Prusse) au Congrès de Paris de 1856!* Toutefois, la conférence de Mannheim était dirigée *pour* la Prusse et le Zollverein prussien; le délégué prussien ne se *crut pas autorisé à traiter cette question* et parvint à l'écarter du nouveau règlement[1] !

Quoi qu'il en soit, la neutralisation d'un fleuve international est reconnue maintenant par le Droit Public. Nous avons dit que le Congrès de Paris de 1856 avait confirmé les principes du Congrès de Vienne et déterminé quelques modalités de neutralité concernant le Danube inférieur. En effet, une commission internationale fut instituée (dont faisait partie la Prusse), qui élabora un règlement après de longues discussions d'ordre technique. Ce règlement fut approuvé en 1871 par toutes les puissances représentées au Congrès de Paris de 1856. Il créait une Commission Internationale de contrôle sur la navigation du Danube, de Braïla à la pleine mer, par les deux branches les plus méridionales du fleuve. Cette Commission Internationale jouit d'une sorte d'autonomie. Elle possède son pavillon, sa flotte, sa dette, sa police; elle exerce un pouvoir indépendant; elle est considérée comme *perpétuellement neutre*

[1] La Prusse signait en 1856 une garantie qu'elle récusa en 1868 !

et tous les travaux qu'elle effectue à ses frais dans le fleuve, lui appartiennent et sont couverts par la neutralité ainsi reconnue. Le règlement élaboré en 1871 fut conclu pour douze années, mais il faut dire que la Russie, la Turquie, puis la Roumanie, interdirent la navigation sur le Danube en 1877, et que la Russie coula même trois navires chargés de pierres dans le chenal navigable que la Commission internationale avait établi après vingt années de travaux ! La question fut donc reprise au Congrès de Berlin en 1878, de nouvelles garanties furent données par les puissances, la Russie fut satisfaite en ce qui concerne le bras le plus septentrional du Danube, et enfin, une convention définitive intervint en 1883, qui règlemente actuellement la navigation sur les bouches de ce fleuve. Cette convention devait être renouvelée par tacite reconduction tous les trois ans, après expiration d'une première période de 21 ans. La Commission internationale du Danube gouverne maintenant encore les bouches du fleuve. Quant au reste du parcours de ce cours d'eau, nous examinerons cette question dans notre prochain livre sur l'Europe Centrale, car ce qui précède ne doit servir que d'indication sur la manière dont il serait possible de contrôler la libre navigation sur un fleuve international et de la neutraliser en temps de guerre.

*

On voit que, d'après les traités de 1804 et le règlement de Mayence, d'après les actes des Congrès de Vienne, de Paris et de Berlin, la navigation sur un fleuve international est une question de Droit Public. On voit aussi que, d'après les principes énoncés, cette navigation doit être libre effectivement et non d'une manière illusoire, et on constate également que la neutralité du fleuve est reconnue comme la base fondamentale du droit de navigation. Le cas de guerre est clairement prévu, car les actes de Vienne, de Paris et de Berlin, les conventions de 1804, de Mayence et de Londres, forment indubitablement une base de jurisprudence internationale au sujet de la navigation des fleuves internationaux.

Nous avons donc nettement le droit de revendiquer la liberté de navigation sur le Rhin, ainsi que la neutralisation du fleuve en cas de guerre. Et, il ressort, à l'évidence, de tous les textes cités, que la Suisse a été lésée dans l'exercice d'un de ses droits les plus sacrés.

Mais il ne suffit pas de se défendre et de réclamer quelque chose de formel, tout simplement parce que cela nous est dû. Avons-nous un intérêt à revendiquer la libre navigation et la neutralité du Rhin? Au point de vue politique, il nous a été concédé « dans les intérêts de l'Europe », parce qu'il fait corps avec notre neutralité. Au point de vue économique, il est essentiel que nous l'ayons. Voici pourquoi :

Presque toute la Suisse est arrosée par le Rhin et ses affluents. Notre véritable voie commerciale est dans la vallée de ce fleuve. Par cette route, nous serions en communication directe avec la mer et avec deux grands ports maritimes des plus importants, où, de tous temps, nous serions certains de trouver des moyens de transport pour atteindre les marchés extérieurs. Anvers et Rotterdam font ensemble un mouvement qui dépasse 70 millions de tonnes, à l'entrée et à la sortie; tous les ports de France n'atteignent pas un mouvement total de 60 millions de tonnes; ceux de l'Allemagne ne font ensemble que 54 millions de tonnes. Mais, tandis que le mouvement d'Anvers et Rotterdam est en tête de ligne, celui de la

France est réparti sur tout son littoral, comme pour l'Allemagne. Aucun port français ou allemand n'atteint le tonnage réel, soit d'Anvers, soit de Rotterdam. Il est donc évident que nous trouverions dans les ports du Rhin *plus de place dans les navires marchands et par suite des frets moins élevés*. En outre, par Anvers et Rotterdam, nous serions en rapports directs avec l'Angleterre, à cause du chiffre énorme des navires anglais qui desservent ces points. Ce chiffre est beaucoup plus important que pour toute la France ou l'Allemagne et dans ces pays, les navires anglais ne fréquentent que certains ports, plus spécialement. Or, ces endroits sont plus éloignés de notre pays que les ports belges ou hollandais. *La route du Rhin est donc pour nous, la plus courte et la plus directe vers les marchés extérieurs.*

Retenons à l'esprit ce fait essentiel que si nous voulons mettre nos forces hydrauliques en valeur, nous devrons rechercher les moyens d'amener près de nos usines les matières premières qui exigent un transport bon marché à petite vitesse. Le fret du Rhin revient en moyenne à $^{73}/_{100}$ de pfennig par tonne kilométrique, soit à 7 fr. 30 par tonne, de Bâle à la pleine mer

(Rotterdam ou Anvers). Comparons ce taux de transport à celui par voie ferrée, même par les lignes du Suisse-Océan, et cherchons où serait notre véritable intérêt...

Au fond, tous ces projets nouveaux de voies ferrées ou fluviales, le Suisse-Océan, le Rhône Libre, n'ont pas plus de valeur économique, pour ce qui nous concerne, que la canalisation de l'Aar ou que l'établissement d'un port à Bâle. C'est mettre la charrue devant les bœufs ! Nous n'avons même pas le droit de naviguer le Rhin, et nous élaborons projets sur projets, nous empilons travaux sur travaux, avant d'être certains de la Porte Ouverte sur le seul fleuve réellement navigable de la Suisse à la mer et dont le trafic ne soit pas une illusion !

Un peu de bon sens, Messieurs ! Le véritable trait-d'union entre les Confédérés suisses est dans la conscience de nation. Or, la question que tous doivent se poser est la suivante : Pourquoi la navigation du Rhin, qui était libre et neutre, ne l'est-elle plus ? Et, qu'on s'entende d'abord sur la question de principe avant d'élaborer les détails. La libre navigation et la neutralisation du fleuve qui baigne nos pâturages et dont les affluents font mouvoir nos forces motrices, est réellement à la base de notre indépendance économique. Notre vraie route à la mer est le long de la vallée de ce fleuve et non par dessus les montagnes, à travers la perte du Rhône ou sur des voies ferrées qui mèneraient nos produits à des culs-de-sac maritimes. La voie du Rhin nous mènerait aux routes maritimes les plus fréquentées ; peut-on en dire autant des lignes du Suisse-Océan qui n'aboutiraient qu'au golfe de Gascogne, mer intérieure de la France ? Le développement maritime des dernières années démontre clairement que les ports français de Bordeaux et St-Nazaire ne se sont pas accrus aussi rapidement que ceux de la Manche. La raison en est bien simple : c'est que la Manche est une des routes maritimes les plus fréquentées, tout comme la Mer du Nord.

Courons donc au plus pressé et au plus pratique : la neutralisation du Rhin nous sauvera plus sûrement de l'emprise économique de l'Allemagne que toute autre mesure. En attendant que les voies du Suisse-Océan soient raccordées, en attendant que le canal latéral du Rhône soit creusé, l'Europe Centrale aura beau jeu. Elle agira par la pression économique des voies ferrées qui nous desservent. C'est cela qu'il faut éviter. Et le monopole des charbons et du fer nous achemine dans cette direction... Attention !

J'ai déjà exposé les avantages économiques de la concentration des changes à Rotterdam, etc. Je ne reviendrai pas non plus sur le fait que la création d'une zone rhénane, ou d'un Etat nouveau du Rhin, sous un même régime économique, augmenterait notre marché *intérieur*. Il suffit de comparer les chiffres de population, 3,8 à 40 millions, pour comprendre notre intérêt dans la question; nos industries de luxe trouveraient une clientèle immédiate et importante dans près de *trente grandes villes de plus de* 100,000 *habitants*, au lieu des quelques grandes cités suisses !

Quant à l'avenir, le nôtre est concentré entièrement dans la mise en valeur de nos forces hydrauliques. La devise économique de la Paix future sera de : *Produire intensément et surtout à bon marché*. La plupart des économistes songent à l'extension du système Taylor, mais les ouvriers le craignent, tandis que les chefs d'industrie se préparent à en abuser. *Nos forces hydrauliques mettront nos ouvriers à l'abri de ces menées capitalistes*; le change de Rotterdam nous amènera toutes les matières premières; la voie du Rhin nous apportera les capitaux nécessaires à cette mise en valeur. Et je ne vois pas comment ils pourraient venir d'une autre manière, en l'état de l'Europe.

Agissons ! Il y va de notre Foi dans la Liberté et la Démocratie et de l'Indépendance économique de la Suisse[1].

[1] Notre traité de commerce avec l'Allemagne qui tolère nos transports sur le Rhin, expire le 31 décembre 1917. Il n'y a donc pas de temps à perdre.

CHAPITRE XII

Conclusions.

Récapitulons. La question du Rhin est ouverte du fait de l'Allemagne. En arrêtant la navigation sur ce fleuve, navigation qui ne devait être interdite à personne, le gouvernement allemand a entaché le titre que lui conférait le Congrès de Vienne sur les provinces riveraines de ce cours d'eau. En droit, l'acte de l'Allemagne remet l'état de choses dans la vallée rhénane au point où il en était d'après les précédents traités, c'est-à-dire, ceux de Presbourg, 1805, et de Lunéville, 1801.

Le problème n'atteint pas la Suisse, car elle n'a pas manqué à ses engagements de 1815;

il n'atteint pas non plus la Hollande, qui respecte son contrat de 1831. Il ne porte que sur les provinces rhénanes, le traité de Francfort étant annulé du fait de la guerre.

Or, les provinces rhénanes ont toujours été indépendantes de la Prusse; cette dernière ne possédait dans la vallée du fleuve que le duché de Clèves et les comtés de Mörs et de Gueldre sur la rive gauche, lorsque le Congrès de Vienne lui attribua la province du Rhin, créant ainsi une frontière franco-prussienne et suscitant tous les événements qui ont suivi.

Les populations de la vallée du Rhin ont donc été annexées à la Prusse, et d'origine, elles ne sont pas prussiennes. Elles sont plutôt de vraie race allemande, ayant une communauté d'origine, de langues, de coutumes, de religion, de facultés et d'histoire avec les peuples qui, jusqu'en 1866, devaient allégeance à la couronne impériale des Habsbourg. D'autre part, les guerres germaniques du passé démontrent qu'elles n'ont jamais consenti à leur union dans l'Empire Allemand actuel, et qu'elles n'ont été soumises à l'hégémonie prussienne que par la force.

Par suite, le rêve de l'Unité allemande et de l'Europe centrale ne pourrait se réaliser que par l'union d'au moins deux races germaniques n'ayant que peu de rapports réels de nationalité. Nous avons vu qu'à ce point de vue, les Allemands ne sont manifestement pas de la même nationalité que les Prussiens. D'autre part, le consentement des deux nationalités à leur union est rien moins que certain; les Allemands du Sud et les Allemands du Nord ont, au contraire, une perception très nette de ce qui les différencie : la langue, la religion, le caractère, la civilisation, etc.

Il s'ensuit que le moyen d'éviter l'Unité allemande et le danger économique qu'elle représente, est d'empêcher l'union des Bas Allemands et des Hauts Allemands; c'est-à-dire de séparer nettement la Prusse de la vraie Allemagne. Mais pour que cette séparation soit définitive, il est nécessaire de déterminer les frontières de manière à suspendre tout contact direct. Au sud de la Prusse et à l'est, les Slaves, constitués en Etats nouveaux, formeraient tampon isolateur. Mais à l'Ouest, où les peuples de France et de Germanie ont été perpétuellement en guerre depuis l'époque de Jules César, comment éloigner la Prusse de l'Allemagne, et surtout de la France ?

C'est ici que l'Etat nouveau du Rhin se place dans un rôle de suprême grandeur. Il forme avec la Bohême le cercle autour de la Prusse, isolant complètement cette dernière de toute influence sur l'Allemagne. Conformément aux principes mêmes de la « Kultur », les Allemands seraient Allemands, les Prussiens seraient Prussiens, les Polonais seraient Polonais, etc. C'est alors qu'on pourrait constater que la Prusse n'était qu'un parasite, vivant sur les meilleurs éléments des nationalités qu'elle cherchait à absorber !

Nous examinerons dans notre prochain volume, le BLUFF DE L'EUROPE CENTRALE, les conséquences de ce système pour les Etats de l'Europe Centrale. Contentons-nous ici d'évoquer l'Etat nouveau du Rhin.

★

Cet Etat posséderait une force dynamique immense; une population très active de 40 millions d'habitants; d'énormes ressources en fer et en charbon, un superbe réseau de voies ferrées et de voies fluviales, deux ports magnifiques, des colonies d'une richesse fabuleuse. Cet Etat nouveau sauvegarderait la puissance économique de l'Europe et le seul fait de son existence éviterait la lutte commerciale que les grandes puissances se proposent de commencer après la guerre où les hommes se tuent.

Il reposerait sur un principe de neutralité solidaire. Et sur ce point, il nous faut envisager pour chacun des Etats existants ce qui déterminerait son consentement à l'Union des nations du Rhin.

Ces Etats seraient solidaires dans la neutralité. Est-ce un principe nouveau ? Non, vingt-deux cantons ou républiques suisses sont *solidaires* de la neutralité helvétique. L'intervention de la Grande-Bretagne, provoquée par la violation de la neutralité belge, a montré que les grandes puissances étaient *solidaires* du principe de la neutralité. Ce dernier n'est donc pas atteint; il subsiste, malgré l'acte de l'Allemagne. Si cette dernière avait cru à la solidarité de neutralité, il est très probable que nous n'aurions pas eu la guerre. Les faits sont là, clairs comme l'écriture sur le mur.

La première question qui se pose est donc de savoir si nous devons défendre le principe de la neutralité solidaire. La réponse est indubitablement que nous le devons, parce que la solidarité appuyant la neutralité sauvegarderait le principe même de l'existence des peuples neutres.

Pour nous, en Suisse, cette idée de solidarité donnerait naissance à l'idée de l'union d'Etats neutres en défense du principe. Et pourquoi? Parce que notre droit nous oblige à revendiquer ce que nous a conféré le Congrès de Vienne : la navigation sur le Rhin, base de notre indépendance économique. Si nous ne demandions pas le respect de notre droit à cet égard, nous serions fatalement absorbés dans l'Europe Centrale. Si nous l'exigions, la force naturelle des choses nous mènerait inéluctablement à l'union économique de la vallée du Rhin et à l'Etat du Rhin.

Pour la Belgique, son intérêt est égal au nôtre, sinon plus fort. Son Histoire recommence et de ses souffrances, elle saura tirer la leçon de l'avenir. Cet enseignement sera encore : Solidarité dans la Neutralité. Il a fallu la guerre pour nous faire comprendre ce principe !

Quant à la Hollande, quel serait son intérêt à devenir neutre, solidairement avec la Suisse et la Belgique, dans l'Etat du Rhin? Il existe non seulement dans le développement immense que l'avenir réserve à Rotterdam et aux Pays-Bas, par l'union douanière, ou l'Etat nouveau, mais encore dans le principe constitutionnel même de ce pays, dans sa *dynastie*. D'après l'ordre de succession institué par la constitution néerlandaise, le trône passerait à des princes *allemands*, officiers dans l'armée impériale, et imbus d'idées et de principes *prussiens*, en cas de décès prématuré de l'Héritière Présomptive, la princesse Juliana d'Orange-Nassau, duchesse de Mecklembourg, née le 30 avril 1909. Le professeur van Hamel (dans l'*Amsterdammer*, 7 octobre 1916), appelait l'attention publique sur cette situation et déclarait que : « la succession au trône néerlandais, en dehors de la ligne directe, est actuellement réglée de telle manière qu'elle ne correspond plus aux intérêts les plus élevés de l'Etat ». La Hollande deviendrait prussienne si elle ne demandait pas à faire partie de la neutralité solidaire du Rhin !

*

Ces trois Etats, la Suisse, la Belgique et la Hollande ont donc un puissant intérêt politique à solidariser leur neutralité. Ce principe de solidarité est né de la guerre, car certains ne croyaient pas qu'il existât. Il *est*. Et les petites nations, dont le panégyrique n'est plus à faire, ne trouveront de base d'existence que dans ce principe. C'est pourquoi, le lien économique vient renforcer le lien politique; les avantages de l'union douanière compensent les obligations politiques. De cette manière, l'horizon de ces nations s'élargira ; elles comprendront alors qu'elles « vivent, aiment, pensent et travaillent pour le plus grand bien de tous ». Les petites nations sont trop portées à oublier qu'elles font partie de la Grande Société !

La menace de l'étranger pèse continuellement sur leur existence et, de plus, une transformation de l'Europe est inévitable. Mais le lien économique leur sauve la vie, car il assure une base réelle, une garantie matérielle, au principe de solidarité dans la neutralité.

Et pour les trois nations précitées, les plus actives du monde, celles qui, par suite, ont le plus besoin de Paix, de Liberté et de Travail, ce lien économique réside dans leur position naturelle. Il est dans la vallée du Rhin parce que ce fleuve est l'artère qui les fait vivre, dont les eaux baignent leurs pâturages et leurs cultures, alimentent leurs canaux et leurs forces motrices !

Ces nations ont une communauté d'origine dans leur situation territoriale, qu'elles recherchent leur communauté de langues, de coutumes et d'intérêts. De cette étude jaillira la conscience d'une nation nouvelle !

Et c'est là qu'est la sauvegarde des petites nations : dans leur conscience nationale ! Les deux nationalités de la Belgique n'ont fait qu'une nation en armes, qui souffre et qui meurt, parce qu'elles avaient toutes deux une conscience nationale ! Les trois nationalités de la Suisse ne font également qu'une nation ! Etendons ce principe de conscience à la solidarité dans la neutralité ! Et il naîtra des Etats nouveaux, plus forts, plus sains que les nations individuelles !

★

C'est de la situation de ces Etats dans la vallée du Rhin qu'est née l'idée de leur union économique. Cette union, c'est la Zone Rhénane dont les participants, obligés à observer une neutralité politique, recueillent tous les avantages de la communauté des ressources, du crédit et des moyens. Et la Nature, la Mère-Providence, a comblé de ses bienfaits cette région bénie ! Les hommes l'ont morcelée, mais ils n'ont pu éviter l'état de choses qui a créé le jeu des forces industrielles. Le charbon est sur la rive droite du fleuve, le fer sur la rive gauche; le Rhin n'est pas une frontière économique ni politique, mais un canal qui amène le charbon au fer et le fer au charbon. Et la centralisation de ces ressources dans la vallée devient un instrument d'une puissance supérieure au service du Droit: c'est Dieu à la base de la Neutralité ! C'est une sanction ! Quiconque attenterait à la vie de cette vallée aurait contre lui le charbon, le fer et les hommes! Les événements nous démontrent que la guerre est une industrie dont le succès revient au mieux armé, économiquement.

La zone rhénane, toutefois, présenterait des inconvénients. Elle ne modifierait pas l'équilibre de l'Europe. L'Union Economique de la zone rhénane, instituée sous une neutralité militaire, tendrait, il est vrai, à créer un courant de forces qui pourrait donner naissance à une conscience nationale, base de l'Etat nouveau, mais elle ne changerait que très lentement les situations acquises, à mesure que s'opérerait la fusion complète de tous ses éléments épars dans le creuset de la communauté d'intérêts. L'Allemagne et la France seraient toujours en présence, séparées, il est vrai, par une neutralité, mais leur évolution se poursuivrait quand même de part et d'autre et le danger politique et économique de l'Unité allemande, de l'hégémonie de l'Europe Centrale, subsisterait tout entier.

La question de l'Alsace-Lorraine n'est qu'un à côté du problème. Clef de voûte de l'Empire allemand actuel, elle n'est qu'une partie, qu'une pierre du Pilier angulaire de l'Unité allemande. Ce pilier angulaire est la vallée du Rhin : la preuve en est dans la présence du charbon et du fer, dans l'ordre providentiel que nous mentionnons plus haut. L'Alsace-Lorraine n'est que la contribution de la France meurtrie au problème de la Paix Universelle; c'est tout le Rhin, toute sa vallée et sa sanction que l'Europe doit arracher à la Prusse ! C'est pourquoi la question du Rhin est la plus haute et la plus élevée de tous les problèmes de la guerre.

Mais, seuls les peuples de la vallée pourront trancher le dilemme; c'est à eux qu'il appartient de décider si les avantages immenses de l'Union économique compenseraient les obligations qu'elle comporte, si en présence du danger de l'hégémonie prussienne, la sanction du jeu des forces industrielles, au service de la neutralité solidaire, sera suffisante pour assurer le respect de leur Droit.

Les peuples du Rhin auront-ils vraiment conscience d'être protégés par la Sanction indiquée ? Cette question est à la base même de leur consentement à s'unir économiquement. Les obligations que comportent cette union seront-elles trop lourdes ? Ou bien verront-ils dans les avantages de l'union économique le moyen de supporter allègrement les obligations qui en découlent ?

Il nous est impossible de répondre pour eux. Toutefois, il est un fait qui nous donne confiance. Il existe dans les populations de la vallée du Rhin plusieurs faisceaux puissants de forces démocratiques ; par exemple, en Suisse, chez les socialistes belges, chez les syndiqués des provinces rhénanes. Ces faisceaux seraient en contact par la zone rhénane, réunis en un foyer par l'Etat du Rhin. Or, ce foyer répandra sa chaleur aux alentours et gagnera en puissance du fait même de l'Union économique. Il représente l'idéal social !

★

Les pacifistes et les cosmopolites nous ont parlé, avant la guerre, de l'idéal social qui devait empêcher les conflits. Est-ce à dire qu'il soit mort ? On ne saurait construire une maison avant de posséder le terrain sur lequel la bâtir. Et l'idée nationale, qui précède l'idéal social, joue encore son existence sur les champs de bataille. Réalisons l'idéal national ! Que vive le principe des nationalités ! Le Grand Jour de l'idée sociale viendra ensuite.

Par conséquent, c'est dans l'idéal social des peuples encore neutres et sauvés des horreurs de la guerre, et même dans leur idéal national, qu'ils doivent trouver la réponse à faire aux questions posées ci-dessus. Elles se résument au fond en ceci : veulent-ils être libres ?

S'ils aiment la liberté autant que leurs ancêtres, leur réponse ne fait aucun doute. Ceux qui ont réalisé leur idée nationale voudront atteindre leur idéal social. Ceux qui luttent pour leur nationalité désireront ardemment l'obtenir, pour s'élever ensuite à leur idéal social. Pour ces raisons, la réponse des peuples suisse, hollandais et belge est certaine.

Ils comprendront que ceux qui meurent actuellement autour de Verdun et sur la Somme, pour la défense d'un principe, donnent en réalité leur vie pour eux. Ils verront qu'ils luttent pour refondre la carte de l'Europe, sur des bases vraies et certaines de Liberté et de Démocratie.

★

En Suisse surtout, la décision à prendre sera peut-être plus discutée qu'ailleurs, parce que les esprits sont encore sous l'influence des événements et se sont divisés en deux camps. Ils doivent reprendre leur sang-froid au plus tôt, sinon ils sont perdus, tous, sans rémission. La carte de l'Europe sera refondue au moyen d'une évaluation des forces nationales. Et le danger économique de l'hégémonie prussienne apparaîtra alors si clairement qu'on recherchera les moyens de l'écarter. Si nous n'y prenons garde, l'Europe Centrale se fera à nos dépens, même en cas de défaite de l'Allemagne, car elle se justifiera comme une défense économique. Déjà, on entrevoit ce danger et, de toutes parts, des organismes se créent en vue de lutter contre cette emprise économique; des industries prennent naissance pour faire concurrence aux entreprises allemandes; des institutions financières se fondent pour subventionner le commerce de l'avenir. Les Grandes Puissances agissent; elles se hâtent d'organiser la lutte. Ah ! les petites nations sont bien oubliées !

Que deviendront, en effet, les petites nations, la Suisse, la Belgique, la Hollande, etc., au milieu des formidables groupements économiques qui les enserreront comme dans un étau. Nul n'a l'air d'y songer, actuellement ! Elles ont pourtant le droit de vivre et de songer à l'avenir !

Leur existence politique, économique et sociale est en jeu et ne pourra être sauvée que par l'Union. Voyez ce que l'Allemagne a déjà imposé à la Suisse, malgré les traités : son monopole du fer et du charbon, à ses conditions. Et le RHIN ALLEMAND nous contraignait à passer sous ses fourches caudines, en dépit des traités. Quels lendemains se préparent ?

★

Des millions d'existences humaines et des centaines de milliards de francs ont été sacrifiés en défense du principe auquel nous devons d'être sains et saufs au milieu de la tourmente qui balaie l'Europe. Nous nous devons à nous-mêmes, nous devons aux morts, d'accomplir tout au moins l'acte que nous avons le droit de faire.

Demandons la libre navigation sur le Rhin! Inscrivons cette revendication sur tous nos programmes économiques; nous en avons le droit formel; exigeons qu'il nous soit nettement reconnu. Alors, des milliers, non, des millions d'hommes tressailleront dans leurs tombes à la pensée qu'ils ne seront pas morts en vain!

LA ZONE RHÉNANE.

Nous avons indiqué sur cette carte, d'une manière toute hypothétique, la zone rhénane (le grisé de la carte) ainsi que l'ancienne Confédération du Rhin. Quant à l'État nouveau du Rhin, le lecteur est prié de le concevoir lui-même d'après ces données. Les limites politiques sont indiquées comme rattachant l'Alsace-Lorraine à la France, afin d'éveiller l'intérêt français en faveur de la question de neutralisation des deux rives du fleuve.

TABLE DES MATIÈRES

ATTINGER FRÈRES, ÉDITEURS

NEUCHATEL ET PARIS

Le Rhin libre, par V.-S. Ruelens-Marlier. 1 vol. in-12 Fr. 3.50

Les auteurs de la guerre de 1914, par Ernest Daudet.
I. *Bismarck.* — 1 vol. in-12 . . . . Fr. 3 50
II. *Guillaume II et François-Joseph.* — 1 vol. in-16, *en préparation.*
III. *Les Complices.* — 1 vol. in-12, *en préparation.*

La Province Rhénane et la Westphalie. Étude économique, par Yves Guyot, ancien ministre. — 1 vol. in-8 avec cartes et graphiques dans le texte . . . . Fr. 3.50

Le Rhin français, par le Commandant Espérandieu. — 1 brochure in-12 . . . . Fr. 0.60

Le Rhin français. II. Annexion de la Rive gauche. Sa moralité. Sa nécessité. Ses avantages, par Onésime Reclus. — 1 brochure in-12 . . . . Fr. 0.60

Le Rhin français. III. Le Rhin Gaulois, par C. Jullian. — 1 brochure in-12 . . . . Fr. 0.60

Trois mois de campagne en Galicie. Carnet de route d'un Transylvain, officier dans l'armée austro-hongroise, par Octavian C. Taslauanu, secrétaire de l'Association pour la culture roumaine en Hongrie. — 1 volume in-12 avec une carte . . . . Fr. 3 50

D'Athènes à Constantinople, par C. Ibañez de Ibero. La situation politique en Orient. — 1 vol in-12 . . . Fr. 3.50

Questions balkaniques, par Jovan Cvijić. — 1 brochure in-8 . . . . Fr. 2.—

Les Peuples des Balkans. Esquisses anthropologiques, par le Dr Eug. Pittard. — 1 broch. in-8 avec 4 cartes et quelques figures. . . . . Fr. 3.—

Les races belligérantes. *Esquisses anthropologiques.* I. Les Alliés, par le Dr Eug. Pittard. — 1 brochure in-8, avec 3 cartes et quelques figures . . . . Fr. 2 —

Le Triomphe de l'organisation et ce qu'elle coûte, par Arthur Travers-Borgstroem (Helsingfors, Finlande). — 1 brochure in-8 . . . . Fr. 1.—

Impressions et choses vues, par Albert Dauzat. — 1 vol. in-12 . . . . Fr. 3.50

Le Feu sur la Montagne. *Journal d'une mère,* par Noëlle Roger. — 1 volume in-12, broché fr. 3.50; relié Fr. 5.-

Le Carnet d'un Témoin, par Noëlle Roger.
Le passage des Évacués à travers la Suisse. Carnets I et II. *Le Train des Grands Blessés.* Carnets III et IV. 4 brochures in-8 à Fr. 1.— ou 1 volume relié à . . . . Fr. 6.—

Les Carnets d'une infirmière, par Noëlle Roger. — 6 brochures in-8 à Fr. 0,75 ou 1 volume relié à. . . . Fr. 6.50

Imp. Attinger Frères, Neuchâtel (Suisse).

www.ingramcontent.com/pod-product-compliance
Ingram Content Group UK Ltd.
Pitfield, Milton Keynes, MK11 3LW, UK
UKHW020136220726
13923UKWH00001B/191